CONG GETI XINGDONG DAO SHEHUI XIANXIANG

从个体行动
到社会现象

唐崴 著

上海大学出版社

图书在版编目(CIP)数据

从个体行动到社会现象 / 唐崴著. —上海：上海大学出版社，2022.12
ISBN 978-7-5671-4622-8

Ⅰ.①从… Ⅱ.①唐… Ⅲ.①社会科学—研究 Ⅳ.
①C0

中国国家版本馆CIP数据核字(2023)第013178号

责任编辑　倪天辰
封面设计　倪天辰
技术编辑　金　鑫　钱宇坤

从个体行动到社会现象
唐　崴　著
上海大学出版社出版发行
(上海市上大路99号　邮政编码200444)
(https://www.shupress.cn　发行热线 021-66135112)
出版人　戴骏豪
＊
南京展望文化发展有限公司排版
江苏凤凰数码印务有限公司印刷　各地新华书店经销
开本 710mm×1000mm　1/16　印张 11.25　字数 172千字
2023年2月第1版　2023年2月第1次印刷
ISBN 978-7-5671-4622-8/C·141　定价　68.00元

版权所有　侵权必究
如发现本书有印装质量问题请与印刷厂质量科联系
联系电话：025-57718474

目　　录

序　　　　　　　　　　　　　　　　　　　　　　　　　　001
前言　　　　　　　　　　　　　　　　　　　　　　　　　001

理　论　篇

第一章　社会学的反思　　　　　　　　　　　　　　　　　003
  第一节　社会学的初衷　　　　　　　　　　　　　　003
  第二节　社会学的研究传统　　　　　　　　　　　　003
  第三节　社会学研究方法受到的挑战　　　　　　　　004

第二章　科学理论的演进　　　　　　　　　　　　　　　　006
  第一节　科学理论的解释逻辑　　　　　　　　　　　006
  第二节　自然科学理论的演进　　　　　　　　　　　008
  第三节　科学理论的特征　　　　　　　　　　　　　013
  第四节　经济学理论的演进　　　　　　　　　　　　014
  第五节　社会学理论的形态　　　　　　　　　　　　015
  第六节　本章回顾　　　　　　　　　　　　　　　　019

第三章　探索社会现象的机制　　　　　　　　　　　　　　020
  第一节　分析社会学的出现　　　　　　　　　　　　020

第二节　分析社会学的理论框架　　021
第三节　跨越尺度的鸿沟　　022
第四节　演绎工具的发展　　024
第五节　人工社会方法的应用状况　　027
第六节　人工社会方法与社会学　　029
第七节　本章回顾与有待解决的问题　　031

实　践　篇

第四章　有待解释的社会现象　　037
第一节　城际人口分布规律　　037
第二节　关于齐普夫法则的实证研究　　039
第三节　关于齐普夫法则的理论研究　　041
第四节　本章回顾与有待解决的问题　　047

第五章　有关理论和研究发现　　049
第一节　城市化进程及其意义　　049
第二节　有关人口迁移和分布的研究　　050
第三节　异速增长定律　　053
第四节　本章回顾　　055

第六章　计算机模型的设计和实现　　056
第一节　模型的理论假设　　056
第二节　模型的计算机实现　　060
第三节　本章回顾　　069

第七章　计算实验结果　　070
第一节　城市演化过程的仿真　　071
第二节　齐普夫法则现象的再现　　074

第三节　数据曲线的特征及其含义　　　079
　　　第四节　人口特殊分布形态的再现　　　090
　　　第五节　城市位次更替现象的再现　　　093
　　　第六节　本章回顾　　　094

第八章　理论和模型检验　　　095
　　　第一节　模型的可靠性分析　　　095
　　　第二节　社会网络规模的影响　　　100
　　　第三节　不同行动逻辑的宏观后果　　　102
　　　第四节　外部环境因素的影响　　　109
　　　第五节　若干其他问题的讨论　　　113
　　　第六节　本章回顾　　　116

第九章　案例研究结论和总结　　　117
　　　第一节　研究结论　　　117
　　　第二节　案例研究总结　　　119

分　析　篇

第十章　分析社会学有关问题的讨论　　　123
　　　第一节　世界的随机本质　　　123
　　　第二节　社会的复杂性　　　124
　　　第三节　人口分布问题中的复杂系统特征　　　125
　　　第四节　建立机制性解释理论的障碍　　　129
　　　第五节　建立机制性解释理论的可能途径　　　133
　　　第六节　模型方法的局限性和对策　　　138
　　　第七节　建立机制性解释理论的一般性方法　　　140

第十一章　分析社会学方法的性质和意义　　　148
　　　第一节　关于归纳方法的反思　　　148

第二节	分析社会学对社会学发展的意义	149
第三节	分析社会学对科学发展的意义	153
第四节	主要结论	156
第五节	展望	158

参考文献   159

后记   166

序

　　社会学是多范式的,但大体看来,主流的社会学理论和研究分为两类:实证主义的,主要研究宏观整体的社会现象,注重采用客观的方法去发现宏观变量之间的关联;非实证主义的,则主要聚焦于微观个体的行为和互动,从而理解和洞察个体行动的意义。

　　相比于宏观理论与微观理论日益结合的其他科学学科,社会学的两种主流研究范式是较为割裂的,能在宏观与微观之间建立沟通的理论较为罕见,社会学的唯名论与唯实论之争实际上也自此而来。

　　本书的作者曾多年从事自然科学领域的学习和研究工作,具有较为深厚的自然科学理论背景。源于此,本书与通常的社会学著作有着很大的不同,不但对自然科学和社会科学的逻辑体系进行了较为深入的分析与比较,而且采用人工社会的模型方法实现了关于人口分布现象的具体研究。本书的内容所涉及的学科跨度之大是不常见的。

　　本书试图将宏观尺度的社会现象归因于微观层面的个体行动,这种方法在社会学研究领域具有创新意义和开拓性价值。以本书的观点来看,当下社会学研究中宏观与微观的割裂其实是过去演绎工具的缺乏所带来的无奈之选。而今,计算机模型技术的发展已经提供了新颖的和适当的演绎工具。或许,在社会学领域中采用这种方法的研究活动将很快变得生机勃勃。

上海大学社会学院
2022 年夏

前　　言

　　个体与社会的关系问题是社会学的基本问题。一方面，社会学的主要内容，不论是社会化、社会互动、社会角色、社会群体，还是社会组织、社会分层、社会制度，乃至社会问题、社会控制、社会变迁，无一不包含和体现着个体与社会的关系问题；但另一方面，却只有很少的社会学理论真正在个体行动与社会现象之间建立直接的联系。相反地，围绕着对社会学基本问题的不同认识，反而出现了不同的学派，如唯实论与唯名论、实证论与反实证论、整体论与个体论、微观社会学与宏观社会学等，都是以对这个问题的不同认识来划分的。

　　21世纪初，牛津大学社会学家赫斯特洛姆（Peter Hedstrom）等人提出了"分析社会学"（analytical sociology）这一概念。2005年，赫斯特洛姆发表了其专著《解析社会：分析社会学原理》。一些社会学家认为，该书的出版标志着分析社会学正式成为社会学家族的一员。分析社会学主张以个体行动为基础建立对社会现象的机制性因果解释，其提倡者认为，机制性解释不同于当下社会学研究中较普遍采用的统计学解释，是一种解释社会现象的新途径。

　　社会学是一门关于社会的科学，承担着解释社会现象和预测社会现象的任务。同时，社会学也有着进行反思的优良传统和进取精神，而解释方式也是社会学所反思的内容之一。因此，传统方法之外的新方法是值得探讨的。

　　社会学研究的传统理论和方法无疑是更加成熟的，而分析社会学则是社会学的一个新领域，试图通过一种新的途径来解释社会现象，有许多相关的问题还没有得到较为充分和完整的论述,其中包括建立社会现象的机制性解释有何主要困难?对复杂的社会宏观现象提供基于微观机制的解释是否可能?对哪些社会现象可以采用机制性解释?机制性解释理论可以达到怎样的精度?机制性解释理论是否可以用于对社会现象的预测?建立机制性解释的一般性方法和步骤是什么?分析社会学与人工社会方法的关系是什么?机制性解释逻辑是否被其他学科领域广泛采用?分析社会学方法是不是一种具有科学性质的方法?分析社会学方法对社会学的发展有何意义?分析社会学方法与社会学其他传统方法有怎样的关系?分析社会学对科学的发展有何价值?等等。本书尝试对这些问题提供初步的答案。

从研究传统来看,人文主义社会学的研究往往采用质性的研究方法,常常聚焦于个体,可以细致地观察微观研究对象的态度和行为,但质性研究方法较难排除研究者主观因素的影响,较难得出高度概括的普遍结论;实证主义社会学的研究则在研究方法上采取各种措施来保证其获得数据的客观性并使其研究结果具有普遍推论价值,但实证主义的研究往往只针对宏观的、静态的整体对象。综合来看,社会学理论中从微观个体行动到宏观社会现象之间的联系常常是相对薄弱的。

从解释逻辑来看,实证主义社会学常常采用的统计分析方法在本质上更擅长揭示统计变量之间的关联关系而不是因果关系,于是以此为基础的理论常常采用统计学的解释逻辑。相比之下,机制性解释逻辑的建立更强调在微观原因与宏观结果之间有效地建立因果联系。韦伯、科尔曼、瑞泽尔、布东等社会学家从不同的角度论述过在微观与宏观之间建立联系的必要性,认为这是社会学学科本身发展的需要,但这样的研究工作还是较困难的和不太常见的。

20世纪后期逐渐发展起来的复杂性科学以非线性复杂系统为主要研究对象,这门学科的一系列发现使人们对复杂系统的行为有了新的认识,也对本书所探讨的主题提供了一些线索。本书从复杂性科学对复杂系统的认识出发,分析了机制性的社会学理论之所以难以建立的可能原因。本书认为,社会学建立机制性解释理论的主要困难在于,社会是一个非线性复杂系统,其内禀的随机属性所导致的复杂系统轨迹掩盖了可以启发猜想和检验理论的宏观社会现象的规律性,而这种掩盖又无法像自然科学那样通过传统的社会实验方法消除。

本书进一步提出,虽然建立如同传统自然科学那样的定律演绎体系是充满困难的,但社会作为一个非线性复杂系统与其他的复杂系统一样,其宏观现象仍可能在模式特征或斑图的意义上显示出特定的规律性,而分析社会学的机制性解释理论所需要的微观与宏观之间的关联则可能建立在个体行动特征以及这种宏观社会现象的模式特征之间,计算机模型方法则在工具方面为这样的研究提供了可能性。

为了更清楚地说明沟通微观个体行动与宏观社会现象的可能方法,本书提供了一个实例,即以人工社会方法对城际人口分布特征进行的研究。在这个实例中,本书结合了城市的异速增长定律这一实证研究结果和一组个体行动假设,并借助计算机模型方法尝试说明微观的个体行动如何在非线性相互作用的机制下产生可观察的宏观社会现象,即城际人口呈帕累托分布等现象,并且这样的宏观社会现象可以被经过定量研究或模式特征研究所确认的经验事实所检验,从而形成波普尔证伪主义意义上的科学理论。这些经验事实包括城际人口的帕累托分布现象、分布曲线的曲率变化规律、齐普夫线的移动方式、城市位次更替现象、城市化曲线及其速度曲线和加速度曲线的特征等。

在此基础上,本书建议建立社会学机制性解释理论的一般性方法,即采用计算机人工社会模型来完成逻辑演绎,通过逻辑演绎来连接微观个体行动与宏观社会现象。其中微观个体行动的特征可以来自质性研究、社会心理学、社会实验、定量研究的结果或者理论猜想,而宏观社会现象则可以通过模式特征的研究和采用定量分析的关联关系研究来检验。

针对预测社会现象的可能性,已往的论述往往强调人与自然科学研究对象之间的本质区别。与这样的视角不同,本书采用复杂性科学的研究视角,认为人类社会与其他自然的复杂系统存在很多的共性,可以用研究其他复杂系统的方法进行研究。在了解社会现象的形成机制之后,就可能在一定的限度内进行短期的现象预测、长期的模式预测以及基于现象之间共变关系的预测。

机制性解释是自然科学普遍采用的解释逻辑。分析社会学方法一旦成功,不但可以丰富社会学自身的理论体系,而且将使人类的科学理论体系更加完整。

本书共分为三篇。理论篇对社会学的研究传统以及自然科学的理论演化过程进行分析和比较,指出两者的解释逻辑存在的差异,介绍分析社会学思想和计算机模型方法。实践篇提供实例,对城际人口分布特征提供个体行动层面的机制性因果解释。在此基础上,分析篇讨论寻求宏观社会现象的微观机制性解释的一般性方法,以及该方法的性质和意义等基本问题。

理论篇

第一章
社会学的反思

第一节 社会学的初衷

19世纪上半叶,在以牛顿为代表的经典物理学已经确立的时代背景下,孔德(Auguste Comte)创立了社会学。孔德寻求建立的是一门关于社会的科学,能够如同自然科学解释物质世界那样去解释社会世界。孔德相信,社会现象遵循永恒不变的规律(夏尔·亨利·屈安,弗朗索瓦·格雷勒等,2021),社会学应当采用如同物理学或化学一样的实证方法来研究社会,而且在这样的社会学里,"科学家通过理解事件之间的因果关系,就可以预测未来的事件将如何进展"(吉登斯,2011)。然而经过了近200年的发展,社会学并没有出现孔德最初设想的轮廓。

第二节 社会学的研究传统

纵观历史,社会学经历了几个发展阶段,逐渐形成了一系列多样化的理论传统。早期的实证主义理论以孔德、斯宾塞、帕累托、涂尔干等人为代表,主张以自然主义的手法去研究社会事实,强调研究社会整体,理论假说则必须通过经验事实的检验。韦伯、齐美尔等人所代表的人文主义社会学则完全从另外一种理念出发,认为社会与自然有着本质的区别,而研究的关注点则应该是内在的、难以客观观察和度量的个体行动的意义,因此也就无法建立自然科学那样的定律演绎体系。如果说早期实证主义社会学和人文主义社会学都以解释社会现象为目的,批判主义理论则更具意识形态色彩。

到了20世纪,在早期实证主义的基础上,出现了帕森斯、默顿等人的结构功能主义理论,科塞、达伦多夫等人的社会冲突理论和霍曼斯、布劳等人的社会交换理论;人文主义传统下则发展出米德、布鲁默、戈夫曼等人的符号互动论,胡塞尔、舒茨等人的现象学和加芬克尔的常人方法学等学说。这其中也明显存在着研究对象分化的现象,实证主义研究以宏观的整体的社会现象为研究对象,而人文主义的理论则聚焦于个体行动。

20世纪80年代之后的社会学理论出现了整合的趋势。亚历山大在创立新功能主义理论时,致力于综合实证主义和人文主义两大传统,综合社会行动与社会秩序,综合微观分析与宏观分析,并以"科学思想的连续统"的概念调和社会科学与自然科学之间的差别(亚历山大,2000)。卢曼的系统功能主义理论对传统功能主义理论进行了新的诠释,其中已经体现了系统论的思想。在科尔曼的理性选择理论和社会资本理论中,不但借鉴了经济学的均衡分析方法,而且已经把个体行动和社会结构看作是统一的动态过程(文军,2006)。此外,吉登斯的结构化理论和布迪厄的场域理论,也都体现出行动与结构的相互塑造以及微观与宏观相互影响的思想。社会学理论发展至今,研究者已经普遍意识到微观研究与宏观研究相结合的重要性。

第三节 社会学研究方法受到的挑战

社会学研究方法从大的类别上可以分为实证主义的方法和非实证主义的方法,与社会学理论两种不同的出发点相对应。

实证主义方法包括问卷调查、结构化访谈及文献研究等统计调查方法。统计调查从前期的问卷设计、被调查者抽样、中期的调查组织实施到后期的资料统计分析都有着严格的规范,需遵循专业的流程,以保证得到客观和精确的数据,从而使其结果有较高的概括性和普遍推论的价值。

非实证主义方法通常是实地调查这样的质性研究方法,包括参与观察和非结构化访谈等方式。在进行实地调查时,调查者常常深入被调查对象的环境,细致地观察其态度和行为,并且非常详细、全面地记录并描述研究对象各方面的形态和特征,形成类似民族志的研究报告。实地调查的方法较难排除研究者主观因素的影响,因此较难得出高度概括的普遍结论。

非常值得注意的是,在采用实证主义的方法时,通常只限于针对整体对象进行宏观的、静态的研究;而采用非实证主义方法时则通常针对个体进行微观的、动态的研究(仇立平,2008),两者较少结合,这同社会学理论试图整合微观研究与宏观研究的尝试形成了对比。

此外,在获得调查数据之后,研究者常常借助于回归分析来寻找变量之间存在因果关系的证据,然而通常实证研究采用的统计方法更适合用来揭示相关关系而不是因果关系。举例来说,如果得到头痛与咳嗽数据之间的回归显著,并不能说两者互为因果,因为两者仅仅是同一原因的共变后果,而单靠统计分析技术是难以揭示这种区别的。有学者认为"基于观测数据的定量研究,其单方程经典回归模型系数统计显著与否,本质上只能说明该对变量在统计上是否具有关联,至于孰因孰果,以及这一关系的真正体量,却因偏误重重而无力推断"(陈云松,贺光烨等,2017)。

一段时间以来,社会学理论解释社会现象的能力受到了一些质疑(Boudon,2002;Coleman,1986)。尤其在近几十年,甚至有些欧美社会学家认为,"社会学理论已经演变成一种缺乏实证指代的元理论化的形式,而社会学实证研究则成为狭隘的变量分析,缺乏解释力"(赫斯特洛姆,2010)。总体来看,当今的社会学不能使一些学者满意的主要原因是社会学家常常只关心哪些变量应该纳入模型,这些变量之间有怎样的联系,而不太关心是何种机制产生了这些变量的状态。社会学理论研究与经验研究存在相互分离的现象(仇立平,2008)。

第二章
科学理论的演进

第一节 科学理论的解释逻辑

人类对天体运动的规律进行了几千年的探索。在 16 世纪,布拉赫(Tycho Brahe)进行了长达 20 年的精密天文观测,积累了大量的数据。以这些观测数据为基础,开普勒(Johannes Kepler)在 17 世纪初归纳出开普勒定律(赵凯华,罗蔚茵,2004):

1. 行星沿椭圆轨道绕太阳运行,太阳位于椭圆的一个焦点上;
2. 对任何一个行星来说,它的径矢在相等的时间内扫过相等的面积;
3. 行星绕太阳运动轨道半长轴的立方与周期的平方成正比。

1687 年,牛顿(Isaac Newton)提出了万有引力定律——任意两个质点有通过连心线方向上的力相互吸引,该引力大小与它们质量的乘积成正比,与它们距离的平方成反比(牛顿,2001)。与开普勒定律不同的是:开普勒定律仅仅归纳了天文现象的共同特征,给出了天体运动的描述性定律,而牛顿定律则明确建立了力和质量这样的抽象概念,并提供了一套天体系统运行的机制。从这些概念和机制出发,借助数学手段,可以推导出开普勒定律。就是说,牛顿万有引力定律不再是仅仅对现象的规律进行描述和归纳,而是以力和质量这些更加基本的概念建立更加基本的命题,并运用数学作为演绎工具来导出现象特征,从而提供了天体运动现象的解释。

此后,天文学家进一步观测太阳系行星的运动,一再证实牛顿定律所衍生的计算结果与实际数据高度吻合。但是，天王星的实际轨迹与牛顿定律的计算结果存在差异，提示了其附近可能存在另外一颗行星对天王星的运动产生影响。根据这一提示，天文学家发现了海王星。

科学理论的基本任务是解释已经出现的现象，预测即将出现的现象。而对现象的描述、分类、概括等虽然是理论形成过程的重要环节，但其自身却不能构成解释。万有引力定律的建立过程例示了科学理论中常用的三种不同类型的解释逻辑，分别是：覆盖率解释、统计学解释和机制性解释（赫斯特洛姆，2010），其推理过程分别采用公理演绎法、定律演绎法和理论演绎法（假设演绎法）。

一、覆盖律解释

覆盖率解释采用公理演绎法。当一般性规律已经确立，而需要被解释的现象满足一般性规律的前提时，常常可以采用覆盖律解释。其基本形式是：所有的 A 都是 B，X 是 A，因此 X 是 B。海王星的发现就是覆盖律解释的运用——因为天王星是一颗太阳系行星，它的运动应该符合万有引力定律的预言；如果不符合，那么在它的附近就一定存在另外一颗行星（即海王星），对它的轨道产生了影响。这样，天文学家在使用万有引力定律解释天王星运动现象的同时，成功地预测了海王星的存在和它的运动方式。但有时，采用覆盖律解释也会导致谬误，例如："物体在引力的作用下会彼此靠近，所以两块磁铁会彼此靠近"。在这个例子中，一般性规律是正确的，结论是正确的，但解释是错误的，因为使两块磁铁彼此靠近的实际上主要是电磁力的作用。此外，覆盖率解释是一种"黑箱"解释，因为它不提供原因与结果之间的生成机制。

二、统计学解释

统计学解释采用定律演绎法。当发现一个事件是否发生影响另一个事件发生的概率时，即构成一种统计学解释。在万有引力定律的例子中，开普勒第三定律就构成了统计学解释。开普勒在行星轨道半长轴长度与行星公转周期之间发现了观测数据的相关性，因此，开普勒就可以用行星的轨道半长轴长度来解释其公转周期。当一类现象的统计学解释被掌握时，就可以对此类现象进行准确的预测,例如,完全可以根据一颗新发现的太阳系行星的公转周期预测它的轨道半长轴的长度。但是,统计学解释本质上是基于相关关系的。仅仅通过统计学解释,无法明确相关事件的因果关系。在万有引力定律的案例中,如果仅凭开普勒定律,不可能理解公转周期和轨道半长轴哪个是因,哪个是果。有些被发现的相关关系甚至是虚假的,只是在观测量不足的情况下出现的巧合。

三、机制性解释

机制性解释采用理论演绎法(假设演绎法)。当一种解释揭示了何种原因通过怎样的关系和相互作用导致了所观测的结果时,这种解释就构成了机制性解释。万有引力定律描述了力、质量和距离的关系,并以此为出发点,借助数学和逻辑,推导出开普勒定律,这就构成了机制性解释。在推演过程中,行星运动轨迹的全部形成过程都可以得到澄清,因果关系被明确。在万有引力定律被确认以后,就会发现公转周期与轨道半长轴长度实际上是万有引力定律所预言的一对共变变量,开普勒定律所发现的,实际上是这对共变变量之间的相关性。在这个案例中,天文学家对行星运动的现象首先提供了统计学解释,继而提出了机制性解释。

第二节　自然科学理论的演进

一、物理学理论

在一定意义上,物理学的发展史就是一个减少定律数量的过程。假如需要对一定数量的现象进行陈述,人们总是可以对每个现象进行分别陈述,于是命题的数量与现象的数量相等。通过分类、概括、归纳等途径,命题的数量可以减少,但当这一过程达到一定的限度时,物理学家就会去寻求更加基本的规律和自然法则。这一过程的实质就是对更加根本的机制的不断追求。物理学家的这一追求极其执着,集中表现在寻觅超大统一理论的努力中。

牛顿的经典力学理论统一了天上的引力与地上的重力,爱因斯坦

(Albert Einstein)的相对论统一了高速与低速的物理学,麦克斯韦(James Clerk Maxwell)的电磁学方程组统一了关于电现象与磁现象的理论。到了20世纪60年代末,物理学理论中只剩下四种基本的相互作用,即宏观世界的引力、电磁力和微观世界的强力、弱力。这四种力的基本特征已经得到比较完整的了解,可以作为理论起点来导出自然界所有已知的相互作用。物理学发展至此,其理论远比其他学科更加成熟。但是,物理学家们仍不满足,继续寻求更加基本的理论起点来解释这四种力的形成机制[①]。

包括杨振宁在内的大量物理学家经过了数十年的共同努力,在20世纪60年代运用规范场方法建立了弱电统一理论,并通过了实验验证,从而成功统一了弱力和电磁力。

20世纪70年代,致力于统一强力、弱力和电磁力的大统一理论被提出。这一理论一旦被证实,将实质性地提高人类对宇宙的过去、现在和未来的认识。自20世纪80年代起,全世界大量的实验物理学家开始努力寻找该理论的关键证据——质子的衰变,但至今没有成功。

施瓦茨(John Schwarz)和格林(Michael Green)创立了超弦理论,又称万物理论。在这一理论中,自然界最小的物质单位是存在于10维或11维时空中的微小的震动弦。超弦理论以将强力、弱力、电磁力和引力全部统一为目标,一旦成功,将以一个数学框架纳入宇宙中所有已知的力。届时,宇宙中将只有一种基本的力,根据这种力的性质进行数学推演,将可以解释所有已知的相互作用现象。超弦理论虽然离最终的成功还有很长的距离,但它已经取得了很大的进展,即统一了量子力学和广义相对论(吴宗汉,周雨青,2007)。

物理学史上的每一次"统一",都意味着提出更为基本的,且同时往往数量更少的理论假设,并以之为逻辑起点,演绎或推导出已知的现象或理论。物理学家不懈地尝试"统一",一方面显示出他们执着地追寻"终极的对本质的解释"[②](波普尔,1986);另一方面也是因为在他们看来,机制性解释是唯一令人满意的解释逻辑。为了获得物理现象的机制性解释,他们不惜引入"超弦"这样无法直接观察、无法测量的存在物,并假设它们的性质和行为规则,目的就是产生可被经验检验的理论预言。在理论假设与理论预言之间,

---

① 爱因斯坦花费了后半生近30年的时间,试图将引力和电磁力纳入同一理论框架,但终究未能如愿。
② 波普尔认为有三种不同的科学理论观,分别是本质主义的、工具主义的和"猜测主义"的科学理论观。

由数学这个演绎工具充当桥梁。并且,很多物理学史上的重大进步,都与引入崭新的数学思想密切相关:伽利略用代数公式描述实验发现;牛顿用微积分描述物体的运动,用几何学研究引力;麦克斯韦用矢量分析得到电磁场方程;爱因斯坦借助黎曼几何创立相对论;杨振宁等将幺正群引入规范场;等等(厉光烈,刘明,2016)。

二、化学理论

19世纪后期,人类已经积累了相当丰富的化学知识。化学家们认识了大量不同的物质,了解了大量的化学反应,归纳出了质量守恒定律、气体反应定律、气体扩散定律、质量作用定律等实验定律,提出了原子学说,能够测量原子量,已经发现了核酸,了解了苯的结构式和蛋白质的组成,甚至已经可以合成有机染料和糖(广田襄,2018)。随着大量元素被发现,门捷列夫(Dmitri Mendeleev)发现了元素周期律,并可以成功地根据元素周期表预言未知元素的存在和性质。不过,那时的化学还是一门单纯的实验科学,没有一套较为完整的理论,无法说明原子为何能够结合成分子,不能说明化学键的成因。

化学动力学出现于19世纪中叶,研究内部和外部条件对化学反应速率的影响,认为分子之间的碰撞是反应发生的必要条件。化学动力学理论对化学平衡、反应速率、催化反应等现象提供了相当明确的机制性解释(郭保章,1998)。

19世纪末出现的化学热力学以经典热力学为基础,主要研究不可逆过程的性质。该理论成功地解释了电池电动势的形成,是化学领域较早提供过程机制的分支。20世纪60年代,普利高津(Ilya Prigogine)提出了耗散结构理论。该理论说明了远离平衡态的非线性开放系统可以自发产生宏观有序状态,从而对包括生命现象在内的许多自然有序现象提供了解释。

20世纪20年代,在普朗克(Max Planck)、爱因斯坦、玻尔(Niels Bohr)、海森堡(Werner Karl Heisenberg)、薛定谔(Erwin Schrödinger)等人的努力下,量子力学被建立。量子力学是原子层次的动力学理论,其基本方程即薛定谔方程,表达出该理论的核心假设。薛定谔方程描述微观粒子的波函数(概率幅)随时间和空间的变化规律,其中波函数是时间和空间的复变函数,它的绝对值的平方等于粒子出现的概率(赵凯华,罗蔚茵,2008)。引人注目的是,量子力学所描写的微观粒子的行为具有随机性,不再具有经典力学的轨道特征。

并且,波函数是理论上无法被直接测量的。但是,量子力学却可以对种种实物粒子及其相互作用进行统一描述。量子力学的出现引起了化学的革命。

1927年,量子力学理论成功解释了两个氢原子形成氢分子的机制,随后,鲍林(Linus Carl Pauling)成功解释了碳原子四面体结构等越来越复杂的分子结构的形成原因,并且可以准确地预测未知的分子结构及分子性质,创立了关于化学键形成机制的理论,并引起了量子化学的诞生(沈蒗,2006)。如今,较为复杂的有机化学反应的机理已经可以用量子力学来解释。

量子化学已发展出从头计算法、半经验分子轨道法、密度泛函法等计算方法,有效地降低了原本很高的计算强度。伴随着计算机计算能力的显著提高,计算化学这一专门学科已经出现。计算化学已经深入到材料科学、生命科学和制药等领域(高倪,范永太等,2020)。

量子化学是20世纪最重要的科学发展之一,它为化学研究提供了理论工具,使物质的存在和反应这些化学现象得到了来自量子力学的机制性解释,使化学理论具备了很强的预测能力,甚至使开发特定性能的新材料成为可能。与物理学发展相似的地方是,理论建立中极其关键的演绎工具也在同步发展,在物理学中体现为各种新出现的数学工具,在量子化学中则体现为新的计算方法。在量子化学中,离子键、共价键这些传统的化学键之间的区别已经不复存在,化学键理论得到了统一(吴征铠,1997)。量子化学也模糊了化学、物理学、生物学之间的界限,使三者融为一体。

三、生命科学理论

生命科学发展至今,对现象的解释标准也发生过多次改变。19世纪时,形态学方法流行于解剖学、胚胎学、古生物学和细胞学等领域,主要目的是确定"生物形态的基本单位"、寻找共同的祖先、重建系统发育的系统树等。形态学方法重视结构而忽视功能,不顾及生理过程(艾伦,2000)。

19世纪达尔文(Charles Robert Darwin)与华莱士(Alfred Russel Wallace)提出进化论,他们所采用的方法基本上是归纳法——汇集大量原本分散的事实资料,归纳概括,寻找其中的意义,即"物竞天择"。进化论出现以后遇到了一些挑战,包括:达尔文"少量个体的小的变异在群体中能够保留"的观点缺乏证据,自然选择机制缺乏实验检验。虽然后来出现的突变论等理论对进化论进行了弥补,但进化论仍未摆脱臆想的色彩。尽管如此,进化论仍然为生物多样性以及物种之间的关联性提供了一个机制性的解释——物种可变,自然选择。如果说进化论在全社会产生巨大冲击的主要原因是它对神创论的挑战,它对生命科学史的深远影响则主要源于它提出了演化机制,超越了形态学方法。

随着生命科学相关领域的发展,进化论自身也发生了进化。孟德尔(Gregor Johann Mendel)、摩尔根(Thomas Hunt Morgan)的遗传学说和皮尔逊(Karl Pearson)的生物统计学被费舍尔(Ronald Aylmer Fisher)、霍尔丹(John Burdon Sanderson Haldane)和赖特(Sewall Wright)等人用来与进化论进行了融合,也使群体动力学这一严格的数学逻辑进入了进化论的研究。杜布赞斯基(Theodosius Dobzhansky)用定量实验的方法验证了自然选择理论,用实验代替了臆想。他同时指出,物种形成和生物进化的基本单位不是个体,而是种群(艾伦,2000)。

1953年,沃森(James Dewey Watson)和克里克(Francis Harry Compton Crick)提出DNA(脱氧核糖核酸)双螺旋结构模型,标志着分子生物学时代的开始。分子生物学是一门试图从分子水平研究生物大分子的结构与功能从而阐明生命现象本质的科学。分子生物学的出现使进化论又发生了新的进化。该领域的中心法则表明,生物信息只能从核酸传递给蛋白质,而蛋白质无法把大量信息传递给核酸,从而从根本上否定了获得性遗传的假说,澄清了进化论的核心内容,而基因突变就是DNA链上一个或多个核苷酸(碱基)的替换(艾伦,2000)。此后,进化论领域又出现了以分子生物学为基础的木村资生(Kimura Motoo)的中性突变学说等理论。宏大如物种进化这样的现象正在寻求来自微小如分子层面的解释机制。

20世纪末,随着计算机技术的发展,计算生物学出现了。计算生物学将数据分析、数学建模、计算机仿真等技术运用于生命科学的各个领域,可用于揭示核酸、蛋白质等生物大分子的分子结构和动力机制,也可用于研究蛋白质折叠、酶催化、膜输运等微观生命现象。与此同时,全原子分子动力学模拟等计算手段已经发展出来(王涛,2014)。

当代生命科学在细胞、器官、个体和群体各个层次同时展开研究,尽管如此,其第一个重要特征是确信所有的生物问题最终都能归结至分子层次;

第二个重要特征是寻求可用实验加以检验的假说而不是不可检验的假说（艾伦，2000）。这些特征说明，生命科学正循着波普尔证伪主义的科学观追寻生命现象的发生机制。

第三节　科学理论的特征

波普尔（Karl Popper）提供了一种区分科学与非科学的标准，并把如弗洛伊德（Sigmund Freud）的精神分析理论那样的理论划到了科学的围墙之外。波普尔认为：科学理论应该是一种严格的普遍陈述，始于猜想而非归纳；科学理论是可以被证伪的，而可否被证伪恰恰是科学与非科学的分界线（波普尔，1986；波普尔，2008）。波普尔哲学意味着建立科学理论的普遍方法是假设演绎法，其中"猜想"是逻辑演绎的起点，而演绎的结果必须与经验相符。值得注意的是：第一，可证伪性同时意味着科学理论必须从"猜想"出发通过演绎做出"预言"，并且"预言"必须是明确的和可测量的。如果没有这样的预言，该理论就如同弗洛伊德学说一样不可证伪。第二，波普尔对"猜想"并没有提出实证性的要求。

可以看出，在天文学、物理学、化学和生命科学等自然科学的理论发展过程中，科学家们不断追寻自然现象的机制性解释。研究工作常常始于观察和实验，继而进行描述、归纳，获得归纳定律即统计学解释，随后提出抽象概念，用假设演绎法建立现象的机制性解释理论，再用进一步的观察和实验来检验。用这样的方法获得的理论，是波普尔证伪主义意义上的科学理论。

物理学的体系已经相当成熟，各分支学科都建立了比较完善的理论体系，但物理学家们转而视各分支学科的理论假设为有待解释的现象，寻求更加基本的逻辑起点，力图用一组假设来演绎出所有的现象。在化学领域，物理学的研究发现已经广泛成为化学理论的逻辑起点。生命科学则借助物理学和化学的知识来理解现象，甚至直接深入到量子力学的微观水平。

一个机制性解释理论往往包括逻辑起点（假设）、演绎过程、演绎结果三个部分。有时，逻辑起点和演绎结果处于相同的概念或物质层析，如引力定律用质量和力来解释运动。但是，在许多自然科学理论中，逻辑起点都涉及比演绎结果更加微观的层次,即用较微观的物质规律来解释较宏观的物质规律,正如量子化学和分子生物学的情形。在这种情况下,逻辑起点也就不再是一种假设。不过,没有任何一门学科研究比物理学更加微观的世界,于是物理学家只能去假设超弦的存在了。在研究人文学科时,由于对人的感受、动机等心理活动进行研究是相当困难的,所以用假设作为逻辑起点是很难避免的。

第四节 经济学理论的演进

经济学的主要研究内容是稀缺社会资源的配置。普遍认为,现代经济学研究始于斯密(Adam Smith)1776年出版的著作《国富论》。《国富论》系统地论述了国民财富的性质和增长理论,涉及劳动分工、资本积累、财富分配、赋税政策等方面的经济问题。斯密理论的迷人之处在于,它指出分工是财富增长的核心动力,而微观上理性经济人个体的利己行为可以导致社会资源的宏观合理配置和财富的普遍增长。

经过200多年的发展,经济学已形成许多不同学派和数十个分支学科。按照研究的侧重点,经济学可分为理论经济学与应用经济学,其中理论经济学包括微观经济学、宏观经济学、数量经济学等,为应用经济学的各分支学科提供理论工具。

从研究的目的来看,基础研究试图引入经济变量,阐明变量之间的关系,通过理论推演,建立一套逻辑体系,最终可以用它来解释一般性的、普遍的经济现象。应用研究则凭借经济理论去处理不同领域的各种具体经济问题。在实际研究中,研究者常常从理想情形出发,通过增加或调整理论假设和条件来完善理论,使之与实际的经济现象更加相符。

从研究的性质来看,经济学研究可以分为实证研究与规范研究。其中实证研究探讨社会经济是如何运行的,试图对经济现象做出描述和解释。规范研究则立足于如何使社会经济更好地运行,并对经济政策提供建议。

从研究的方法来看,经济学研究可以分为逻辑研究法和历史研究法。其具体方法是多样化的,观察法、文献研究、实地调查、思辨法、历史分析法、比较分析法都有采用①(冯科,何理,2014)。

统计学方法在19世纪就已经被应用于经济学的实证研究中,包括计算平均值、比率等,相关分析和回归分析也已经被采用。统计方法主要被用于概括和归纳,可以用实际数据来检验理论。20世纪30年代至70年代,经济学领域经历了一个理论研究数学化的过程,几何学和代数学被引入理论研究工作。数学工具的参与给经济学带来了迅速而深刻的变化。数学语言可以比其他语言更加清晰准确地表述现象,也可以完成更加复杂的逻辑推理,从而得到文字推理无法获得的结果。不仅如此,数学化渐渐改变了经济学的表达方式,使理论从应用中独立出来(巴克豪斯,2017)。

经济学的一个重要分支——数理经济学系统地运用高等数学方法来表述、分析和论证,其数学工具包括:矩阵代数、微积分、约束优化、微分方程和差分方程、最优控制等。计量经济学则将这些方法直接用于经济统计数据来解决实际问题。20世纪50年代以后,计算机逐渐被用来代替人工计算,数理经济学和计量经济学更快地发展并走向成熟,已被用于生产理论、效用理论、价格理论、均衡理论、决策理论、偏好理论、群体行为理论、社会选择理论等各个方面。在进行研究时,数理经济学和计量经济学一般都是从理论假设或真实数据出发,用数学方法从这些假设条件中推导出理论结论(文传浩,程莉等,2015)。

当代经济学所采用的假设演绎法使它具备了科学的特征,在解释经济现象时提供现象产生的机制。这些特征已经表明经济学成为一门真正的科学。

第五节 社会学理论的形态

一、人文主义理论

在《旧制度与大革命》一书中,托克维尔(Alexis de Tocqueville)试图对"大革命何以发生在压迫最轻的地方""大革命何以发生在旧制度最开明的

---

① 有一些具体的研究方法是经济学与社会学共同采用的。

时候"等问题提供回答。托克维尔不但指出了大革命爆发的原因,而且凭借语言逻辑,富有说服力地重建了这些问题的答案:社会环境如何影响了人们的思想,人们的思想如何转化为行动,以及人们的行动最终如何产生了全社会的后果。托克维尔让人相信,大革命就是这样发生的,从而用文字推理提供了大革命发生的完整机制。

就采用语言逻辑成功建立解释理论而言,《旧制度与大革命》与《国富论》是非常相似的。然而,《国富论》已经成了整个西方经济学的基础,在《国富论》所指出的基本原理之上,经济学已经得到了非常系统化的发展。相比之下,社会学的质性研究往往是针对性极强的,每个个案都需要研究者具有高度的想象力和洞察力,而获得的发现又很难成为普适理论的基本原理,如"差序格局"那样具有极强生命力的理论非常罕见。具体地说,很难采用托克维尔的理论去解释另外一场革命是如何发生的,因为那场革命很可能发生在压迫最重的地方,或是压迫最残酷的时候。

二、实证主义理论

1897年,涂尔干(Emile Durkheim)发表的《自杀论》是一部运用统计学解释的经典之作。《自杀论》运用数据统计分析的方法,从相关性的角度进行论证,首先否定了自杀是由精神错乱、酗酒、种族、遗传、仿效等心理因素造成的,继而否定了自杀是由气候、季节、昼夜等自然因素造成的。然后,涂尔干将自杀行为分为:利己型自杀、利他型自杀以及失范型自杀、宿命型自杀等不同类型,并以数据相关性作为证据,论证"自杀是社会因素造成的"这一命题,支持这一命题的统计证据包括几条统计规律。

1. 利己主义的自杀:
(1)自杀人数的多少与宗教社会一体化的程度成反比;
(2)自杀人数的多少与家庭社会一体化的程度成反比;
(3)自杀人数的多少与政治社会一体化的程度成反比;
(4)自杀人数的多少与个人所属群体一体化的程度成反比。

2. 利他主义的自杀:
(1)自杀人数的多少与初民社会一体化的程度成正比;
(2)自杀人数的多少与军事社会一体化的程度成正比(涂尔干,2008)。

涂尔干的自杀理论在实证社会学的发展中占有里程碑式的重要地位，因其不但在理论上提出了解释，而且在经验上提供了验证。至于说社会整合或一体化的程度缺乏明晰的、操作性的定义，是瑕不掩瑜的。无论在获得方式上还是在陈述形式上，涂尔干提出的六条"定律"都与天文学的开普勒定律非常相似，构成了很好的统计学解释。

不过，《自杀论》采用的解释过程中没有提供过程机制，即社会因素是如何造成特定的自杀率的。因此，涂尔干的自杀理论也就带有统计学解释所共有的缺憾。具体而言，它很难令人满意地回答这样的问题：怎么见得是社会因素造成了自杀，而不是反之，即自杀人数的变化和其他的人群行为导致了社会整合程度的变化呢？又怎么见得自杀率和社会整合程度不是其他原因导致的两个共变后果呢？在缺乏机制的情况下，用社会整合程度来解释自杀率，性质上与用行星轨道半长轴来解释公转周期是没有区别的。在社会学领域，大量的实证研究在确认统计规律以后，没有进而发展出机制性解释。开普勒定律出现了，而牛顿的万有引力定律则没有出现。在科学化方面，社会学理论还没有普遍达到经济学理论的水平。

三、一种新的理论形态

谢林（Thomas Schelling）采用一种图形化的分析工具来研究群体互动何以引发社会后果，并在群体隔离的研究中进行了有效的应用（Schelling, 1971）。在谢林模型中，"家庭"根据"邻居"的种族属性来决定自身是否迁居。"家庭"在决策中采用一种非常简单的规则，即当"邻居"中有过多的其他种族时，就另寻居所。当"家庭"对"异族邻居"占比的容忍度有不同的取值时，模型系统达到均衡状态时呈现的居住分布状态明显不同，即呈现显著不同的种族隔离状况。用计算机来实现谢林模型并不困难。

在计算机实现的谢林模型中，不同颜色的两种行动者最初在含有大量单元格的正方形网格中随机分布，每个单元格只能容纳一个行动者，代表一种初始的居住分布状态。每经过一段时间，每个行动者依据自身的颜色计算与其相邻的八个单元格中的"同类"与"异类"的数量及其比值，当这个比值超过代表"容忍度"阈值时，行动者会搬到其他的单元格。一个行动者的搬离会改变与其相邻而居的其他行动者的环境，造成连锁反应，最终形成稳定的颜色分布格局,代表行动者最终的居住分布状态。谢林模型的结论是出乎意料的——即便行动者容忍其周围的邻居大部分都是"异类",整体上仍然会发生不同颜色行动者居住区的明显隔离。谢林模型对美国城市中的种族隔离现象提供了一种有说服力的解释,同时提供了用经验数据检验模型的方法。

图2-1是采用美国西北大学提供的谢林模型程序进行实测产生的结果,左边为两种"家庭"混居的初始状态,右边为这些"家庭"经过反复的自主搬迁并达到稳定之后的结果。当"家庭"的容忍阈值在30%及以上时,隔离现象总是发生。就是说,即便行动者可以容忍周围邻居中存在近70%的"异类",仍会发生种族隔离现象。谢林模型以非常简单的模型说明了一个深刻的原理,再现了种族隔离的形成机制。

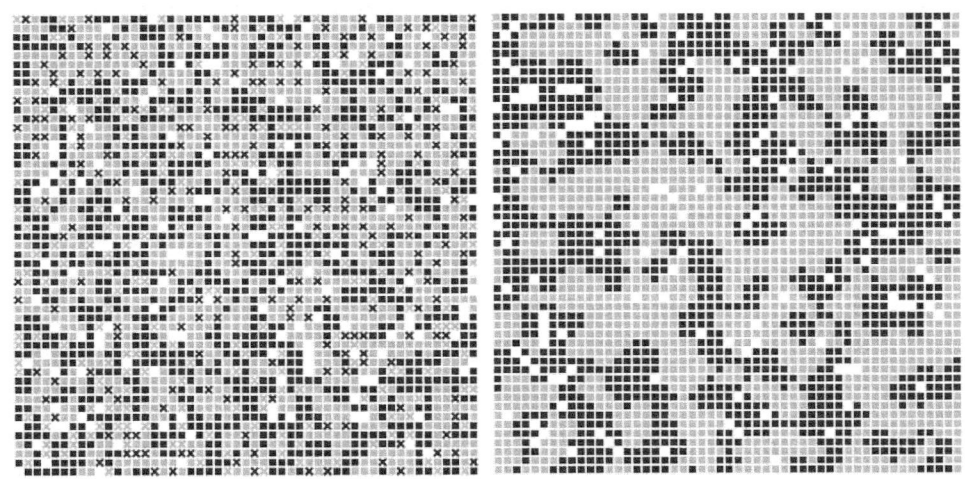

图2-1 谢林模型的计算实验结果

"糖域"(sugarscape)模型是一种人工社会模型。"糖"所代表的能源分布在一个二维的虚拟世界,行动者在世界中移动,移动会消耗行动者的能量。行动者收集到"糖"就可以增加能量,一旦能量耗尽就会死亡。行动者是异质性的,体现在其视野和代谢率的不同。行动者在其视野范围内寻找能源最丰富的地点,移动到这一地点并收集"糖"。通过这种基本的模型以及一些附加条件,可以看到很多与人类社会十分相似的现象,包括:财富分配不均、贸易往来、市场机制等(张江,李学伟,2005)。

谢林模型和糖域模型都是为了研究社会现象而设计的,但它们与传统社会学的理论和方法是迥异的。模型假设行动者按照非常简单的规则行动,展示全局性的现象,研究者认为真实的社会现象与模型的表现存在相同或相似的机制。这种模型方法有理论假设、有推理过程、有运算结构,因此构成了一种针对社会现象的新的理论形态。

第六节　本章回顾

1. 科学理论主要的解释逻辑有三种,其中覆盖率解释仅用于一般性规律已经确立的情况。社会学领域鲜有已经确立的一般性规律。

2. 自然科学研究普遍始于观察,然后用归纳法获得规律,形成观测定律,从而首先实现对现象的统计学解释。

3. 在观测定律的基础上,自然科学总是寻求依靠假设演绎法或理论演绎法构建理论,并使其演绎结果与经验相符。只有这样,科学理论才得以形成。

4. 自然科学普遍寻求因果机制,并已逐渐形成不同学科之间的理论解释链。针对现象的机制性解释,其理论起点常常涉及更加微观的物质层次。

5. 推理演绎是科学理论的关键环节,演绎工具常常与理论共同发展,经历了从语言逻辑、数学逻辑到计算机算法、计算机模型等各种专业化工具的过程。

6. 数学主要有两种用途,一种是用于确认特征和关系成立的统计学,另外一种是作为推理演绎工具。在经济学中,两种数学工具都已经广泛采用,而在社会学中,统计技术已被广泛采用,但使用数学工具来实现的推理演绎是罕见的。

7. 社会学的传统质性研究方法往往是针对具体案例"定制化"的,而传统实证方法则常常停留在相关关系的确认上,两者都很难提供社会现象的机制或可以被经验检验的理论预言。

8. 一种针对社会现象的新的解释模式已经初现,它寻求提供机制。

第三章
探索社会现象的机制

第一节　分析社会学的出现

"分析社会学"(analytical sociology)概念由欧洲社会学家赫斯特洛姆(Peter Hedstrom)①和斯威德伯格(Richard Swedberg)等人在21世纪初提出。事实上,在分析社会学概念出现之前,已经有许多社会学家对当下被广泛采用的理论结构进行了反思,并倡导采用机制性的解释方法。

布东(Raymond Boudon)主张采用清晰的、考虑到个体认知局限性的行动理论来解释宏观社会现象。布东认为,解释理论应该是无"黑箱"的,应该提供个体与社会现象之间的机制,托克维尔和韦伯(Max Weber)已经勾勒出了一种"认知者模型"(cognitivist model),认知者根据自身的认知采取有意义的行动,是适当的分析主体(Boudon, 1998)。在布东看来,托克维尔的《旧制度与大革命》、韦伯关于宗教社会学方面的论述以及涂尔干的《社会学方法的规则》《宗教生活的基本形式》等可以作为科学的社会学的范例,因为这些著作具有下列共性特征:

1. 以解释社会现象为目标;
2. 解释的含义是发现造成社会现象的原因;
3. 社会现象的原因在于个体的层面,包括个体的态度、决定、选择或信念;

---

① 彼得·赫斯特洛姆(Peter Hedstrom),生于瑞典,哈佛大学社会学博士,牛津大学社会学教授,欧洲社会学协会主席,曾执教于哈佛大学、芝加哥大学、斯德哥尔摩大学、牛津大学。

4. 态度、选择、信念和个体的表征是可理解的,它们对于个体而言的意义就是个体持有它们的原因;

5. 个体选择的意义必须在个体所嵌入的情境中才能理解(Boudon,2002)。

赫斯特洛姆、科尔曼、布东等一些学者都十分强调仅仅在宏观现象彼此之间进行相关分析是不够的,宏观层面的社会现象应该由微观个体层面的行动加以解释,而且,理论应该提供从微观个体到宏观现象之间的传导机制。

1998年,欧洲社会学家赫斯特洛姆和斯威德伯格出版了《社会机制:社会理论的分析方法》(Social Mechanism: An Analytical Approach to Social Theory)一书,主张在社会学分析中采用基于个人行动的机制性解释(mechanism-based explanation)。2005年,赫斯特洛姆出版了其专著《解析社会:分析社会学原理》(Dissecting the Social: On the Principles of Analytical Sociology)。一些社会学家认为,该书的出版标志着分析社会学的"登堂入室"(陈云松,2008)。2015年,分析社会学的有关理论、框架和方法被收录于《国际社会与行为科学百科全书》(International Encyclopedia of the Social & Behavioral Sciences)。

分析社会学主张采用中层理论的方法,以个体行动为基础建立对社会现象的机制性因果解释。其提倡者认为,机制性解释不同于当下社会学研究中较普遍采用的统计学解释,是一种解释社会现象的新途径。分析社会学明确主张对社会现象提供清晰、准确和简单的解释,主张将社会现象的发生归因于个体有意图的行动,甚至与心理学和认知科学的发现和理论进行结合,并主张在研究工作中以计算机模型方法为重要工具(Hedström, Ylikoski, 2015)。

有学者指出,分析社会学理论的建立与心理学、认知科学等跨领域的研究密切相关,有助于解决个体与社会、个体主义与整体主义、社会复杂性与化约的基本问题,而社会理论的研究者需要充分吸收自然科学与人文社会科学的跨领域研究成果(万毓泽,2018)。

第二节 分析社会学的理论框架

分析社会学所主张的对社会现象进行的机制性解释是方法论个人主义的,因此,个体的行动决策就必然是理论的逻辑起点。在赫斯特洛姆的分析社会学里，个体的行动决策依赖于三个被"精心选择"的核心因素，分别是愿望①(desire)、信念(belief)、机会(opportunity)。在该理论框架中，个体并不总是理性的，但总是有着优化其行动的意图，有着其行动对自身而言的意义。在这个理论框架中，行动主体不是具体存在的行动者的抽象复制，而是有意识地除去了非重要元素之后产生的理想型行动者，是一种"分析现实主义"模型。也就是说，在除去了非重要因素之后被保留的行动者的重要因素仍能反映运作之中的社会过程，而这些被保留的重要因素就是愿望、信念和机会(赫斯特洛姆，2010)。

有了逻辑起点之后，分析社会学要求采用由数学、计算机模型或社会网络分析等工具和方法来实现严格且精密的演绎过程，这一演绎过程的结果是宏观的整体性后果，而这一整体性后果需要与经验观察所确认的社会现象相符。

与其他的研究方式相比，分析社会学的主张有四个十分鲜明的特征：第一，个体的行动是理论的起点，而个体的行为逻辑应该是心理学或社会学角度符合理论或经验的。第二，个体的行为假设是尽可能简洁的理想型，由愿望、信念、机会三个重要因素导致。第三，演绎过程是严格的和精密的。第四，理论演绎的终点应该符合对宏观社会现象的观察。这样，就可以构成一个对社会现象的机制性解释理论。

分析社会学寻求的是一种普适的(general)解释理论，而不是针对性的(ad hoc)解释理论(陈云松，2008)。从这一意义上说，如果存在某种社会现象的大量个案，分析社会学所追求的是揭示所有个案背后的共性机制，而不追求其理论预言与任何具体个案的精确相符。

第三节　跨越尺度的鸿沟

本质上讲，社会是由最基本的元素——人构成的。任何宏观的社会现象都是微观个体行动的后果。如果希望发现社会现象形成的机制，就必须

---

① 原译著中 desire 被译为"期望"，但在本书的语境中易与"预期"之意混淆，故在本书中译作"愿望"。

跨越尺度，在微观的个人行动与宏观的社会现象之间建立联系。

微观与宏观之间并非简单的加总关系。在自然科学史上，两者的关系曾引发广泛的争论。描述物体之间相互作用的牛顿力学乃至描述大空间高速动体的相对论都隐含着时间的对称性，即过去与未来没有区别，这意味着如果一个自然现象被观察到，它的逆过程也应该在现实中发生。但是，热力学第二定律则指出，在微观上双向的时间箭头在宏观上是单向的，微观与宏观的尺度界限并不能以简单求和的方式跨过，微观与宏观之间可能存在质的区别。

系统科学将由大量元素构成的宏观体系作为其研究对象，最终发展为复杂性科学。现代意义上的系统科学从生物学家贝塔朗菲（Ludwig Bertalanffy）提出系统论开始。与结构功能主义的社会学理论相似，系统论的核心是整体观念，研究客观事物的整体性、关联性、等级结构性、动态平衡性、时序性等所有系统共同的基本特征。系统论不认为对系统的理解应该通过无限的"解剖"实现，强调系统各部分的动态关系以及"整体大于部分之和"。系统论与维纳（Norbert Wiener）的控制论、香农（Claude Shannon）的信息论共同构成了系统科学的理论基础，试图探索跨领域的系统中的共同原理。较早期的系统科学研究采用"自上而下"的研究理念，将系统分割为不同的模块，而每一模块则具有一定的功能，各模块共同构成系统的整体性。在这个阶段，系统科学的研究对象限于宏观尺度。

随着普利高津的耗散结构理论、哈肯（Hermann Haken）的协同理论以及托姆（Rene Thom）的突变理论相继问世，人们对微观与宏观的关系有了全新的认识。哈耶克（Friedrich August Hayek）认为："社会秩序（order）的产生不是来自个人和群体的理性设计，也不可能来自某种超验的力量，它是众人行为的结果，更可能是一种适应性的、自我演化的结果"，"我们可以毫不夸张地说，社会理论始于这样一种发现，即人类社会中存在着种种有序的结构，但它们是许多人的行动的产物，而不是人之设计的结果……众多人之间的互动模式能够显示出一种并非任何人刻意创造的秩序"（哈耶克，2000）。哈耶克认为，社会秩序是由众人的自发行动导致的。正是在这种新的指导思想下，复杂性科学的研究逐渐出现了"自下而上"的方法，而这种方法已经成为研究复杂非线性系统、自组织系统、自然系统和社会系统的有效工具，也成了跨越微观与宏观尺度界限的桥梁。

第四节 演绎工具的发展

假设演绎法是建立科学理论的一般方法，其中演绎工具起到关键作用。在各学科早期的理论中，如《旧制度与大革命》那样，演绎推理是由语言逻辑来完成的。斯密在《国富论》中采用了抽象演绎法，通过建立抽象的概念使理论中推理演绎的部分独立于具体问题（文传浩，程莉等，2015）。

当被解释的现象更加复杂时，语言逻辑往往是不够的，数学开始成为科学理论中最常用的和最严格的一种演绎工具。在涉及状态随时间演进的问题中，微分方程是通常的工具。可是，大量的微分方程并不存在解析解，无法用简单的时间函数来表达结果。计算机的普及促进了数值方法的采用，以数值解来代替解析解。计算机性能的提高促进了模型方法的出现。

一、计算机模型方法的发展

采用计算机对社会进行模拟的方法经历了三个发展阶段，分别是宏观模拟、微观模拟和基于行动者的模型（agent-based model）阶段（吉尔伯特，2012）。

宏观模拟阶段主要流行于20世纪60年代，有着结构功能主义的渊源，其计算机模型的处理对象往往不是个体行动者，而是集合行动者，包括组织、机构、产业等单元。模型内嵌系统状态方程，通过控制、反馈等过程从整体上处理系统的各种宏观状态参量。宏观模型的应用领域包括物流库存管理、传染病传播控制、交通管理、生态保护等。

20世纪70年代，计算机模型开始以个体为分析单位，采用自下而上的建模策略。微观模拟模型常常采用来自个体的抽样数据作为个体的代表，以特定的算法和方程进行处理，观察人群整体的时间演进过程，从而得到全部人群的状况。微观模型常常关注人口特征的分布，在概率意义上描写个体，不考虑个体的适应性和个体之间的相互作用。模型常常假设所有的行动者是同质化的，比如全部都是"理性经济人"，或"所有参与者都享有完备的信息和相同的信息分析能力"等,这样的模型往往给出"均衡"的状态作为结果。微观模型很少被用于理论研究,而常常是用于应用研究,因为这种模型很适合用来分析人群整体统计意义上行为方式的变化将带来的宏观后果。

20世纪80年代,具有个体之间交互能力的基于行动者的模型开始出现。与其他模型不同的是,基于行动者的模型能够模拟在特征和能力上有异质性的行动者,能够直接处理行动者之间的或行动者与环境之间的互动,还能够表示出行动者的决策规则以及通过学习改进决策规则的过程。这种模型能够描写远离均衡的系统状态及其变化。

在基于行动者的模型中,行动个体既可以是神经元、蚂蚁、飞鸟,也可以是个人、家庭、社会组织或是国家。模型中的行动者是某种现实行动者的代表,其行动准则符合现实的抽象,与真实世界的行动者有直接的对应关系。个体行动者有时或常常表现出的随机行动、非理性行动或有限理性行动,信息不完备情况下的决策以及试错学习的过程也可以被描绘。

二、人工社会建模技术

由于自身的特点,基于行动者的模型特别适合于借助微观行动者的合理行为假设去解释宏观上已经被观察到的现象。在用于有关人群的研究时,可以通过调整模型内部参数的方法来分析行动者集体或个体选择所带来的整体后果,可以通过调整模型外部参数的方法来分析不同外部因素可能带来的影响。基于行动者的模型可以建立微观元素与宏观模式之间的关联,它给出的宏观结果虽然很难与特定的真实数据精确匹配,但可以显示出与真实宏观现象相同或相似的统计特征、模式以及主要事件。

采用自下而上的建模理念和基于行动者的模型等技术建立的模拟系统被称为"人工社会"(artificial society)(邱小刚,陈彬等,2017)。人工社会常常具有下列特点。

1. 系统由大量个体组成。
2. 每个个体具有有限的智慧。
3. 个体仅仅能感知有限局域信息,而不是全局信息。
4. 个体之间存在着较强的相互作用。

5. 个体行动遵循一定的简单规则。

6. 群体中不存在集中施令的全局指挥者。

人工社会的这些预设条件经计算机运算演化，会使模拟系统呈现出自组织的宏观可识别现象，即"涌现"(emergence)。人工社会通常按下列流程实现。

1. 确定适当模型：应该根据理论的特征来判断模型的适用性；

2. 确定模型边界：根据所研究的具体问题和目标，定义模型的边界及其表征的范围；

3. 定义行动者：根据理论的需要，对行动者的特征进行定义，确定行动者的类别、状态空间的维数、取值范围等；

4. 定义环境：确定行动者活动空间的表征含义，例如，具体的城市空间、地理区域，或是抽象的网络空间、社会分层等；

5. 定义规则：确定环境与环境、环境与行动者、行动者与行动者之间的互动规则；

6. 设定参数：设定模型的各种关联参数和初始参数；

7. 实现模型仿真：通过适当的计算机技术实现模型；

8. 结合模型演化的结果对所研究问题形成结论。

在具体的计算机编程实现方面，元胞自动机(cellular automata)和基于行动者的模型是较为成熟的技术，可以充当技术框架，简化针对具体问题的编程工作。

最早的元胞自动机雏形由冯·诺伊曼(John von Neumann)提出。元胞自动机模型由分布在规则网格中的元胞(cell)构成，每一元胞可以拥有不同的有限数量的状态量。元胞的状态可以遵循局部规则同步更新。大量的元胞可以通过简单的局部相互作用构成动力系统，通过规则形成时间上的演进，从而再现和表达复杂关系。元胞自动机模型涉及下列要素。

1. 元胞空间，即模型涉及的整个空间范围。

2. 元胞，即共同构成元胞空间的每一个单元。

3. 邻元，即在空间中与某一特定元胞相邻的，且其状态对该特定元胞的未来状态形成影响的元胞。

4. 局部规则，即元胞的当前状态影响邻元的未来状态的规则。元胞是不能在元胞空间中移动的,即元胞之间的相邻关系是固定的,因此,元胞自动机非常适合用于模拟与空间有关的系统,包括地理环境等(盛昭瀚,张军等,2009)。

基于行动者的模型的基本单元是行动者(agent)。行动者具有拟人的特性,在社会学的研究中也可以代表家庭、群体、社会组织等可以作为研究对象的行动单元(张江,李学伟,2005)。在模型中,行动者具有下列特征。

1. 异质性:每个行动者的个性、状态、处境、目标可以各不相同。

2. 自主性:行动者能够根据其意图、愿望、信念或习性,在没有外力强制控制的情况下自行决策。

3. 主动性:行动者具有根据内部状态和外部环境,产生面向预定目标的主动行为的能力。

4. 反应性:行动者具有接受外部刺激、感知环境变化,产生输出反应动作和行为的性能。

5. 可动性:行动者可以在其所处的空间中根据规则移动。

6. 适应性:行动者可以通过积累的经验学习并改进其行为策略。

7. 社会性:不同的行动者之间可以进行丰富的相互作用,包括分工、合作、竞争、冲突等,并可共同构成群体(邱小刚,陈彬等,2017)。

第五节 人工社会方法的应用状况

总的来说,计算机模型方法,尤其是人工社会方法在涉及人群行为的领域已经得到了比较广泛的应用,涉及的领域包括:经济、金融、创新、竞争、环境以及电力、交通、语言、文化、安全、政策、社交、传播、应急、生活等各个方面,其中具有一定代表性的研究工作举例如下。

生命游戏(game of life)模型是一个元胞自动机模型,其中主体的续存取决于其相邻空间中主体的数量。模型出现后,很快在组织生态方面的研究中得到了应用,被用于研究涉及网络结构和组织生存的问题,得到了与经验定性吻合的结果(Lomi, Larsen, 1998)。

在一个研究社会影响的案例中,模型的输出结果出人意料。研究者原本以为，主流文化的社会影响可以顺利地在人群中形成统一，除非有与之对抗的因素。但从随机状态开始运行的模型给出的结果却不是单一轮廓的聚合状态，而是稳定的分化状态，标志着文化多样性可以形成，少数文化也得以生存(Macy, Willer, 2002)。

阿克塞尔罗德(Robert Axelrod)等人用模型方法研究了一个含有正反馈的影响过程：随着时间的推移，经常互动的人会变得更相似，反之，相似者之间倾向于发生更多的互动。模型用随机数字串模拟个体的异质性文化特征，行动者之间的互动会减少差异。研究者最初预期这种自我强化的过程会导致文化趋同，但结果出乎意料，局部的融合导致了全局的两极分化。这意味着在主流文化的统治中，独特的亚文化可以生存。Axelrod 模型还发现了一个令人吃惊的现象。直觉上看，更大的人群中似乎更可能产生稳定的亚文化，但在模型模拟中，亚文化的规模随着人口规模的增加先增后减(Axelrod, 1997)。马克(Noah Mark)发现，如果考虑同质化的个体，允许行动者与整个人群而不是仅仅与邻居互动，互动发生的概率取决于文化相似性，同样可以在自我强化的动力机制下产生不同的亚文化网络(Mark, 1998)。

人工神经网络(artificial neural networks)是一种对信息进行并行分布处理的算法模型，与动物的神经系统有着相似的特征。神经网络可通过调整内部大量节点之间的连接关系实现特定的映射关系，从而进行信息处理。在使用神经网络之前通常有一个学习或训练的过程，即利用已知的输入输出关系来调整网络节点的连接关系，完成学习之后的神经网络即可用于处理其他的输入信息。

研究者采用具有学习功能的人工神经网络模型研究了雇佣行为中的非理性种族偏好现象。在这一模型中，雇主们根据求职者的特质仅凭直觉做出聘用决定，而求职者的特质则取决于其以往经历中的相对成功经历而非绝对水平。模型显示出，偶然事件的关联可以使雇主形成错误的信念，而这一信念会自我强化，最终使某一种族具备才华的求职者失去机会。与此同时，雇主也没有得到最佳效益(Duong, Reilly, 1995)。

上述研究都用模型的方法仿真了结构分化的过程，而在对创新的传播、文化的传播、习俗的形成和规范的形成等进行研究时，则需要模拟汇聚的过程。

史密斯(Thomas Smith)等人建立了一个模型,用于研究心理支持网络。在这个模型中,行动者寻求他人的支持来处理其心理焦虑。在这个过程中,行动者通过选择和匹配与其他的行动者建立关系。研究发现,行动者倾向于和在心理压力处理方面与自己能力相仿的他人建立关系,从而形成由同质化个体组成的集群。与不太需要社会支持的人相比,更需要心理帮助的人所形成的网络有更强的依附性和更弱的传递性(Smith, Stevens, 1999)。其他一些研究也表明,当人群能够自我组织成为局域的均匀集群时,建立合作的可行性就会大大提高。

遗传算法(genetic algorithm)是一种模仿生物进化过程中优胜劣汰、适者生存规律的随机化搜索方法,在实现过程中含有杂交、突变、遗传、自然选择等要素,可用于解决计算数学的最优化问题。

韦伯曾经提出,殖民时期美国的新教教派提供了在分散的市场中信任陌生人所需要的文化标记。但韦伯论述中的问题在于,对经济增长的需求并不能带来实现经济增长的手段。研究者将遗传算法嵌入社会网络来研究韦伯的理论。这一模型显示,即使假设非常宽松的文化传播条件,这种系统也是相当脆弱的(Skvoretz, 1998)。但是阿克塞尔罗德发现,特定的行为策略可以导致系统很强的鲁棒性,并发现了大量小社区的社会结构,正如韦伯关于殖民地时期美国的描述。

第六节 人工社会方法与社会学

人工社会方法在许多涉及人群行为的研究中都已得到应用,但是,在社会学领域的应用却远远滞后(Bruch, Atwell, 2015)。为数不多的案例都是较小规模的,模型中的行动者数量大都在几十至上百的数量级,所揭示的社会现象也主要是局域性的,而不是大尺度的。此外,在社会学领域的应用中,除了少数一些案例之外,绝大部分的研究都与现实经验有着较大的距离,难以形成与经验数据的定量吻合。

20世纪后期出现的"计算社会科学"(computational social science)一词实际上时常泛指利用大规模人类行为数据所进行的任何研究,而"计算社会学"（computational sociology）则以统计数据之间的联系为基础，使用更整体的、更真实的、更接近经验和实证的模型方法来分析及预测社会发展的轨迹。它所强调的，是用更加先进的技术来揭示数据之间的关联，而不是揭示机制。尽管计算社会学更多地运用了数理方法，但仍与"寻求关于社会的理论"这一目标存在距离（Edelmann，Wolff，et al.，2020）。相比之下，人工社会方法则具有下述技术特点和优势，使它与关于社会的理论更加接近。

1. 揭示机制的能力。在人工社会模型中，系统每一时刻的状态都可以得到清楚的显示和记录，宏观整体现象出现的全部过程和机制都很清晰。

2. 揭示因果关系的能力。在许多学科的研究中，受控实验是揭示因果关系的主要手段。可是，进行真实的社会实验是困难的。而在人工社会模型中，通过调节参数来进行计算实验，观察不同内部条件和外部条件下的社会后果是十分方便的。通过这些实验，能够很容易地实现"关联—干预—反事实"的递进式因果判断（珀尔，2019）。

3. 提出可检验预言的能力。能否提供来自理论演绎的预测以供证伪是科学理论的一个重要标准。通过改变初始条件，人工社会可以提供对尚未观察到的社会现象的预测，从而满足理论科学性的基本要求。

人工社会方法的这些特点可以使它成为建立社会现象的机制性解释理论的适当工具。Macy 和 Willer 向采用人工社会方法的研究者提出了几项建议（Macy，Willer，2002），从中也可以透视出这种方法目前的局限性。

1. 从简单开始。对非常简单的模型进行透彻的分析可以提供最本质的思想，而这些程式化的（stylized）模型和思想可以有更广的应用。如果在与经验相符的压力之下模型不得不变得非常复杂，模型的核心价值也就无从体现了，因为"解释模型将与解释自然现象本身一样困难"。相反，从最简单的模型出发，在充分理解其动力机制的基础上逐步增加其现实性，则可以慢慢靠近实证结果。

2. 避免缺乏现实基础的生物学隐喻。例如，自然界优胜劣汰的机制导致了生物进化，但如果在模型中假设持有"差的"行为方式的社会个体会被"淘汰"就会缺乏根据。

3. 进行慎选假设和参数的实验。基于行动者的建模是一种理论研究的实验工具，但研究者也需要克服这一工具可以令人"随心所欲"的诱惑，而保持对理论假设和参数选择的慎重,使其与经验相符,使模型研究带来的发现具有科学价值。

4. 进行鲁棒性测试。尽管模型设计应该使用计算实验而非统计结果来揭示因果过程,研究者仍应通过充分的重复实验来进行模型的鲁棒性分析,从而证明实验结果的稳定性,区分哪些是模型假说的必然结果,哪些是参数选择的偶然因素造成的。

5. 进行外部效度测试。基于行动者的模型常常被用来识别宏观社会模式的因果机制,但鲁棒性测试仅仅针对模型的内部效度。在可能的情况下,模型的外部效度应该在实验室或自然环境下的实验中进行检验。

6. 进行范围有效性测试。通过数学的分析产生的理论有明确的有效域。对模型方法而言,只有通过深入地比较不同模型的不同结果才有可能带来对模型有效域的深入理解。

7. 考虑宏观系统因素。基于行动者的模型与早期基于系统状态方程的模型有很大的不同,前者主要通过调整认知、行为假设等个体属性来进行研究。但是,这并不排除在模型中加入系统宏观因素(factors)的可能性。在社会学领域,系统宏观因素的加入有助于更充分地发挥基于行动者模型的潜在能力。

出于揭示现象之间最本质因果关系的目的,人工社会模型应该在所研究问题精度允许的范围内尽可能简洁,而不是追求"高保真"地刻画行动者的与所研究问题无关的细节特征。

第七节 本章回顾与有待解决的问题

一、本章回顾

1. 社会学者提出了建立分析社会学的主张,倡导对社会现象提供机制性的解释,寻求建立微观个体行动与宏观社会现象之间的因果机制。

2. 分析社会学的理论框架以个体行动为逻辑起点,以个体的愿望、信念和机会为核心要素。

3. 科学理论中的演绎工具已经从最初的语言逻辑、数学逻辑发展到计算机模型。

4. 人工社会模型的技术特点使它成为提供机制性解释的适当的演绎工具。

5. 人工社会模型在涉及人群行为的研究中已经得到较为广泛的应用，涉及多个领域，其具体实现方法日渐成熟。

6. 人工社会方法在社会学研究中的运用目前还十分有限，为数不多的案例也存在较大的局限。

二、有待解决的问题

按照波普尔的观点来看，科学理论应该始于对真理的合理猜测，经过推理演绎，得到可用经验来检验的预言。如果用这个标准来衡量，很多学科已经达到了科学的标准。物理学、化学、生命科学、经济学等自然科学和社会科学都经历了从描述现象、归纳现象、发现经验规律到提供机制性理论的过程。

应该说，约 200 年前孔德的社会物理学设想与近 20 年来欧洲学者的分析社会学倡议是十分相似的，都主张如同自然科学解释物质世界那样去解释社会世界。这种主张始终得到了一部分社会学者的支持。以今天的目光来看，这种主张就是寻求社会现象的机制性解释。

现在，分析社会学[①]获得了许多自孔德时代至 20 世纪末从未有过的有利条件，出现了进行理论分析的基本框架，出现了作为新的演绎工具的计算机模型方法，出现了更先进的统计技术来发现和确认社会现象，也出现了对微观与宏观关系的更加深入的认识。随之而来的是一系列与发展分析社会学有关的问题有待澄清，其中包括：

（一）有关可行性的问题

1. 建立社会现象的机制性解释有何主要困难导致它未能更早实现？

2. 对复杂社会的宏观现象提供基于微观机制的解释是否可能？

（二）有关适用范围和局限性的问题

1. 对哪些社会现象可以采用机制性解释？

---

① 在本书的后续内容里，将以"分析社会学"这一名词来指代为社会现象提供机制性解释的社会学方法。

2. 机制性解释理论可以达到怎样的精度?
3. 机制性解释理论是否可以用于对社会现象的预测?

(三) 有关具体方法的问题

1. 建立机制性解释的一般性方法和步骤是什么?
2. 分析社会学与人工社会方法的关系是什么?

(四) 有关性质的问题

1. 机制性解释逻辑是否被其他学科领域广泛采用?
2. 分析社会学方法是不是一种具有科学性质的方法?

(五) 有关意义的问题

1. 分析社会学方法对社会学的发展有何意义?
2. 分析社会学方法与社会学其他传统方法有怎样的关系?
3. 分析社会学对科学的发展有何价值?

这些问题是关于分析社会学的最基本的问题。本书将在后续的章节试图借助具体的研究案例为这些问题提供答案。

实践篇

第四章
有待解释的社会现象

爱因斯坦说过,"你能不能观察到眼前的现象取决于你运用什么样的理论,理论决定着你到底能观察到什么",这种在理论的指导下进行主动观察的思想在社会科学的研究中,尤其是在量化研究中同样适用(仇立平,2008)。分析社会学对社会现象的观察具有一定的独特性。

从本章开始,将以分析社会学的视角和方法,来研究人口迁移所造成的城际人口分布相关的现象,特别是在城市化过程中形成的现象,并尝试对有关现象提供机制性解释。分析社会学寻求的是从微观个体行动指向宏观社会现象的普适性的而不是针对性的解释,同时要求理论预言的宏观现象与经验相符,那么,这种宏观社会现象就必须是大量同类个案中的共性现象,而不是个别具体个案中的细节现象[①]。这样,本研究首先需要完成的,就是确定解释对象,即经实证研究确认存在的共性现象。

第一节 城际人口分布规律

本研究试图解释的社会现象是城际人口分布规律。

在一个国家或地区的城市化过程中,各个城市的人口规模分布表现出一些不容忽视的特征,其中较为著名的是所谓的"齐普夫(Zipf)法则"。齐普夫法则声称:在一个特定的国家或地区,将不同城市按照人口规模从大

---

① 本书在第十章第六节更加详细地讨论分析社会学的观察特点,以及何种社会现象适合采用分析社会学的视角进行解释。

到小排序,则各城市的人口规模与其序号之积为常数。这意味着排名首位的城市的人口数量是排名第二的城市人口数量的 2 倍,是第三名的 3 倍,是第四名的 4 倍……事实上,齐普夫法则是一个特例,而更一般的表达是:不同城市的人口规模服从帕累托分布(Pareto-distribution)。帕累托分布又称为"幂律分布",其概率密度具有长尾减函数的特征。如果不同城市的人口规模服从帕累托分布,则意味着:

$$R = C \cdot P^{-\alpha}$$

式中 R 为将所有城市按照人口规模从大到小排列之后一个城市的序号,P 为该城市的人口数量,C 为常数,$\alpha > 0$,为帕累托指数。上式两边取对数之后得到:

$$\text{Log} R = \text{Log} C - \alpha \cdot \text{Log} P$$

在双对数坐标下,呈帕累托分布的数据表现为斜率为 $-\alpha$ 的一条直线。帕累托分布是一个连续的分布,而齐普夫法则是其离散情况下的一个特例,即当 $\alpha \approx 1$ 时,

$$R_i \cdot P_i = C$$

式中 $i = 1, 2, \cdots, n$。上式表示各城市人口规模与其序号之积为常数。见图 4-1。

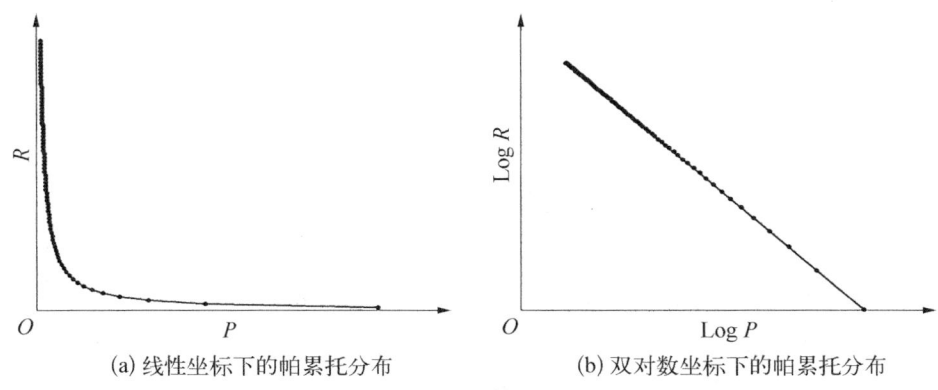

(a) 线性坐标下的帕累托分布　　(b) 双对数坐标下的帕累托分布

图 4-1　帕累托分布

美国早期实证研究中发现的符合齐普夫法则分布的案例,见图 4-2(引用自参考文献,Krugman,1996),其中接近 45°角的斜线十分醒目。

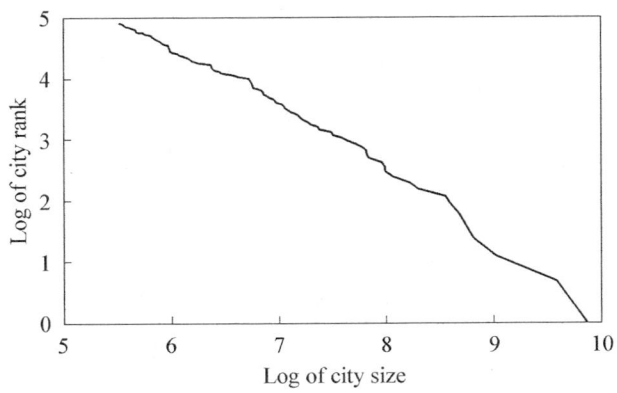

图 4-2 符合齐普夫法则的案例

第二节 关于齐普夫法则的实证研究

在一个城市体系中,不同城市的人口符合帕累托分布这一现象最早被奥尔巴赫(Felix Auerbach)在1913年发现,已有百年历史。从那时开始,出现了大量针对不同国家和地区城市人口分布的验证工作。由于满足帕累托分布的数据在双对数坐标下呈直线关系,实证研究的方法通常是采集某一国家或地区的城市位次和人口数据,取对数值之后尝试线性回归。如果线性关系成立,则称数据满足帕累托分布,同时可获得帕累托指数。当帕累托指数接近1时,则称齐普夫法则成立。实证研究还常常探索针对经验数据能提供最佳优度的回归模型,被研究的模型包括:齐普夫法则、帕累托分布、对数正态分布(logarithmic normal distribution)、双帕累托对数正态分布(double Pareto logarithmic normal distribution)、多项式回归、分段回归、经验公式、剔除离群点等。采用这些方法来分析不同时间、不同地区的数据,出现了一些不同的结果。

研究发现,美国130个城市的数据显示齐普夫法则成立,帕累托指数为1.004(Krugman, 1996)。美国135个城市数据显示齐普夫法则成立,帕累托指数1.005(Gabaix, 1999)。美国150个城市数据显示齐普夫法则成立(Levy, 2009)。另一项实证研究在三种不同的城市定义下考察了美国城市的数据，得出的结论是：人口在城市中并非均匀分布，就大多数人口而言，服从帕累托分布，指数为1.25；但就大多数城市而言，则满足对数正态分布而不是帕累托分布(Levy, 2009)。这种描述是从统计处理的思路出发的，其实际意思是需要用两种不同的曲线进行分段回归。由于对数正态分布并不呈现对数直线关系，这种分段回归很难避免。德国的数据显示，不但全国的城市人口服从帕累托分布，区域的情况也是如此(Giesen, Südekum, et al., 2011)。罗马尼亚265个城市的研究数据证实齐普夫法则成立(Gligor, Gligor, 2008)。俄罗斯城市的数据也通过了回归分析，呈现齐普夫法则，但与美国的情况不同，其分布曲线存在着明显的上凸。对摩洛哥三个不同年份数据的分析显示，如果"城市"的概念不包含人数较少的"城镇"，则齐普夫法则成立(Ezzahid, ElHamdani, 2015)。也有一些研究针对中国的城市得出了帕累托分布成立的结论(Chen, Zhou, 2008; Gangopadhyay, Basu, 2009; Ye, Xie, 2012)。此外还有一些覆盖不同国家城市的研究工作，证实了在大多数案例中齐普夫法则成立(Rosen, Resnick, 1980; Soo, 2005; Soo, 2007)。

在一些研究中测定的帕累托指数与1的接近程度是惊人的，但另一方面，也有不少案例给出其他的结论。不支持帕累托分布的案例主要分为两种情况：其一，双对数数据不呈直线关系，无法通过回归检验，或回归直线斜率偏离1(Bee, Riccaboni, et al., 2013; Benguigui, Blumenfeld-Lieberthal, 2007b; González-Val, 2010; González-Val, 2012; Li, Sui, 2013; Nitsch, 2005)；其二，其他的数据回归模型明显优于帕累托回归(Anderson, Ge, 2005; Black, Henderson, 2003; Gonzalez-Val, Lanaspa, et al., 2014; Luckstead, Devadoss, 2014; Michaels, Rauch, et al., 2012; Song, Zhang, 2002)。在一些案例中优于帕累托回归的其他模型包括：分段直线、二次曲线、对数正态分布、双帕累托对数正态分布，首城离群即城市首位度偏高的情况等。在其中一些案例中，虽然研究者主张使用其他的回归模型，但采用帕累托分布的回归分析仍可通过检验。总体上讲，在很多的案例中，统计数据与齐普夫法则的预言吻合到了不容忽视的程度，城际人口呈帕累托分布的现象以"显著高于正常"的概率出现。

自奥尔巴赫在1913年发现人口按幂律分布的现象至今已超过百年，

2021年初在Web of Science上以"'Zipf' AND 'Cities'"作为主题仍可以检索到399篇外刊论文,其中有285篇发表于近10年;相同的检索条件在中国知网可以得到200余条中文文献结果,发表于2010年之后的超过150篇。这说明齐普夫法则现象的存在得到了广泛的认同,有关研究至今仍是热点之一。作为一个人口迁移和城市化过程导致的社会现象,它需要得到解释。

第三节 关于齐普夫法则的理论研究

在针对具体城市体系的个案研究中,研究者通常采用回归分析的方法寻求影响城际人口分布的解释变量。在大量研究中被识别出的影响因子包括:经济发展状况、地理和其他自然条件、交通状况和运输成本、土地面积、经济政策和贸易壁垒、产业结构、市场开放程度、内战、政府开支、政治稳定度、公民自由度、国家规模、地区发达程度等。不过,这些在宏观因素之间建立联系的理论当中,没有任何一个可以解释不同城市的人口分布何以满足齐普夫法则或帕累托分布(Soo,2005),这些研究通常认为城市人口的不均匀分布体现出经济活动的不平等,而其理论所解释的实际上要么是"不同城市的人口何以不呈均匀分布",要么是"帕累托指数何以不严格等于1",或者说"什么因素影响了人口的聚集程度"。

可以解释不同城市人口呈帕累托分布的理论大体上分成三类,分别是:基于人口随机流动的理论、基于平行发展的理论和基于个体行动的理论。

一、基于人口随机流动的理论

1955年提出的Simon模型能够较好地与齐普夫法则吻合。Simon模型是一个数理模型,即首先提出一组人群行为的假设,然后通过微分方程建立影响人口数量演变的关系,最后形成结果。西蒙(Herbert Simon)认为,在宏观尺度上人群的移动并不是理性权衡的结果,而是随机的。具体而言,西蒙假设一个城市的人口随着时间的推移会产生不连续的增长。当一个新的人口增量产生时,这个增量人口会以概率π流到以前无人居住的地区,即创造一个新城市;或以概率 $1-\pi$ 流到某个现有的城市,而任一现有城市得到该增量人口的概率与自身的人口规模成正比。这一过程不断重复直至城市规模的分布趋于稳定,而最终的结果接近帕累托分布(Simon,1955)。Simon 模型是一个从宏观假设推演到宏观结果的模型。其优点是可以较好地与需要解释的现象即帕累托分布吻合。但是,其缺点也是较为突出的。本质上看,Simon 模型为了解释一个未知原因的现象,不得不假设了更多的未知原因的现象,即人口按照特定的概率进行转移,而现有城市则按人口比例进行接纳。对此 Simon 模型并不能给出其背后的经济学原因或社会学原因,这也是这类模型的共性特点。同时,Simon 模型当然也无法解释在实证数据上不符合帕累托分布的大量案例。

二、基于平行发展的理论

吉布拉(Gibrat)法则出现于 1931 年,最初被用来描述企业的成长。如果把它借鉴到城市人口增长的研究,吉布拉法则意味着不同人口规模的城市,其人口增长率服从相同的概率分布而与城市当前的规模无关,或者说,所有城市的人口增长率有着相同的均值和方差。齐普夫法则是在特定时间点上对城市人口分布进行静态的描述,而吉布拉法则则针对城市人口增长的动态过程,这样,两者就有可能存在着关联。与齐普夫法则验证的情况相似,吉布拉法则也获得了一些实证支持(Gabaix,1999;Gonzalez-Val,Lanaspa,et al.,2014),但相反的情况也不乏其例(Soo,2007;魏守华,孙宁等,2018)。尽管如此,以吉布拉法则为起点推导出齐普夫法则,这种想法仍然是诱人的。

然而,如果以吉布拉法则作为理论的假设,可以直接导出的城市人口分布并不是帕累托分布,而是对数正态分布(Levy,2009;魏守华,孙宁等,2018)。在双对数坐标下,对数正态分布与帕累托分布的形态有着显著的差别(见图 4-3),因此,要解释大量存在的城市人口呈帕累托分布的现象,就必须引入额外的理论假设。

加贝克斯(Xavier Gabaix)从经济学的角度出发引入"冲击"(shock)的概念来建立理论。加贝克斯假定城市居民最初可以选择一个特定效用水平的城市迁入,而一旦定居,巨大的迁移成本会使该居民长期居住在这个城

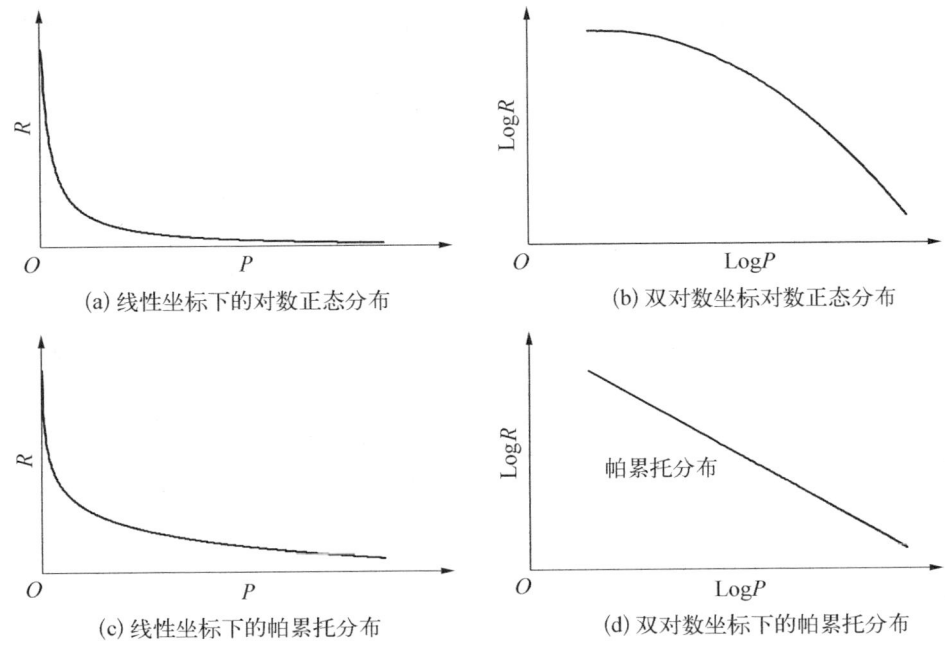

图 4-3　对数正态分布与帕累托分布的概率密度

市。正面或负面的冲击包括税收水平、污染、警察行为、学校、道路、收成等因素的突然变化,也包括地震、传染病等其他特殊事件。这些冲击影响了城市居民的效用水平,最终导致部分人口迁移。正面的冲击可以促进城市人口的增长,负面的冲击则起到反作用(Gabaix,1999)。艾谷(Jan Eeckhout)进一步提出,大样本范围内的外部冲击为分布相同的独立随机变量,当外部冲击很小时,城市规模会渐进地服从对数正态分布(Eeckhout,2004)。该理论在上尾部分与齐普夫法则以及许多城市群的实际数据有较好的吻合。

与 Simon 模型相比,这种模型对理论假设赋予了经济学的含义。不过,与人口随机流动理论相似,此类基于经济学原理的模型也需要引入大量新的假设才能使其理论预言与部分实际现象吻合。而且,吉布拉法则本质上所预言的是所有不同规模城市大体平行的增长,而城市的规模次序不会发生太大的变化。这一点在总体上与实际观察的结果差异很大。巴提(Michael Batty)研究了大量城市的面板数据,发现尽管齐普夫法则在宏观上得以保持,但各个城市的排名次序却发生着较大的变化,如图 4-4(引用自参考文献,Batty,2006)。该图中,径向线表示不同的年份,曲线表示不同的城市,到圆心的距离表示排名,越靠近圆心排名越靠前。这一发现是平行发展理论很难解释的。

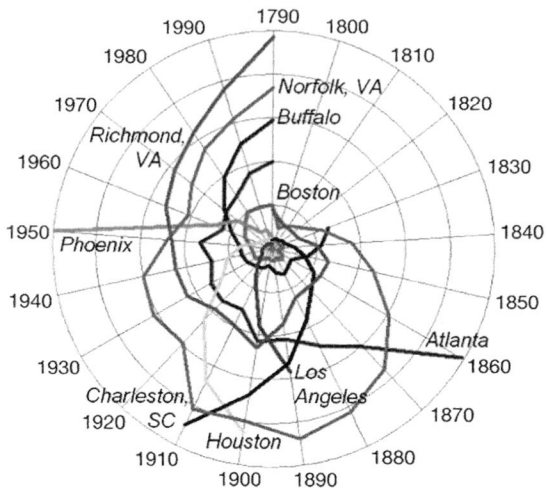

图 4-4 城市的非平行发展

三、基于个体行动的理论

被经济学研究广泛采用的数理模型适合描述同质化的、掌握全局信息的、完全理性的经济人的集体行为,而基于个体行动的模型则更适合被用来刻画异质化的、仅掌握局域信息的、部分理性的人群的行为。针对城市人口分布规律的问题,也出现了一些基于个体行动的理论试图对齐普夫法则的形成提供微观的机制。

此类理论模型中较早的一个来自艾克斯泰尔(Robert Axtell)和佛罗里达(Richard Florida)。Axtell 模型的目的是再现齐普夫法则。研究者假设:个体的人具有对收入和休闲的双重喜好,两者的柯布-道格拉斯(Cobb-Douglas)组合构成个体的效用。个体的能力是异质性的,并可以自主决定其对工作的投入水平。当不同的个体组成公司时,公司的总收入水平会随着公司的规模以二次关系递增,公司的收入被其成员均分。当公司变大时,因单个个体的投入水平对公司的总体收入影响不大,因此个体会调低自身的投入水平从而优化其自身效用(Axtell, 2018)。当这种情况普遍发生时,个体的收入可能会下降。个体会按照一定的时间间隔,本着个人效用最大化的原则在三个选项中做出选择,或留在本公司并调节投入水平,或加入新公司并迁址至新公司所在地,或开设自己的新公司。而一旦个体选择开设新的公司,新公司有 ε 的概率在一个新的地点选址,或以 $1-\varepsilon$ 的概率选址在创始人当前的位置。当这一过程经过不断重复进入稳态时,人的流动和公司的迁移会形成两者的集群(clusters),而这些集群就是"城市",并且这些城市的规模分布接近于齐普夫法则。艾克斯泰尔等人用计算机实现了这个过程,生成了呈现准直线分布的散点图,代表模型在一定程度上再现了齐普夫法则(见图 4-5,引用自参考文献,Axtell,Florida,2001)。由于他们没有提供回归分析的数据,其模型结果与齐普夫法则预言的接近程度只能通过文献提供的附图大体判断。可以看出,Axtell 模型再现齐普夫法则的重要因素之一是新公司以一定的概率出现在新地点,而其依赖于概率的选址方式与 Simon 模型完全相同。因此,从一定意义上说,Axtell 模型是 Simon 模型的一种计算机呈现,必然带有 Simon 模型原有的弱点。不过,艾克斯泰尔等人对 Simon "增量人口"迁移的原因赋予了现实意义——去其他地方开设新公司。

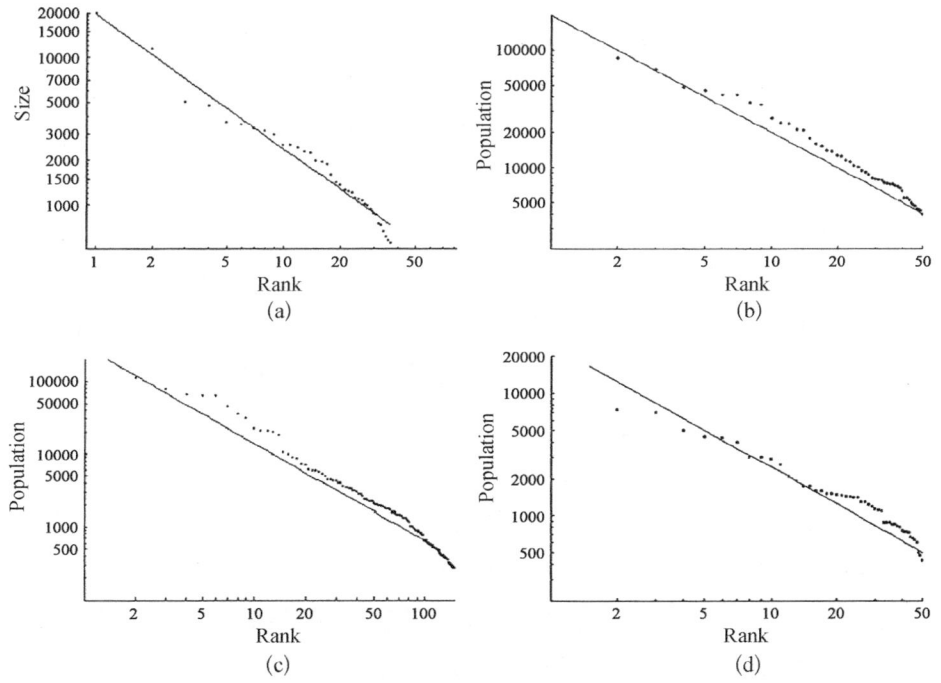

图 4-5　Axtell 模型计算机模拟的结果

Semboloni 模型的设计者借鉴齐普夫（George Zipf）的观点，认为齐普夫法则的解释应该产生于"最小努力原则"（least effort principle）（Zipf，2012）。就是说，城市人口产生一种特定的分布是因为系统达到了两种力量支配下的均衡状态，其中一种力量指向离散（diversification），另外一种力量指向聚集（unification）。城市系统的主要元素是资源、人群和产品，离散的力量使人群靠近资源，聚集的力量使产品靠近人群。Semboloni 模型假设，资源在所有的城市均匀分布，人群在城市中生活，既是生产者也是消费者，既要销售产品也要利用资源。因此，每个个体都有两个目标：要销售产品就要尽可能地靠近最多的消费者，要利用资源，就最好居住在与其分享资源的其他人最少的地方。如果所有人都视销售产品更为重要，就会聚集到同一个唯一的城市。反之，如果只重视第二个目标，则人口将在所有的城市中均匀分布。当城市人口分布并不均匀的时候，第一目标促使人搬至大城市，第二目标则正好相反，促使人搬去小城市。Semboloni 模型假设：第一步，个体按一定的概率在离散和聚集之间做出选择；第二步，依据第一步的选择结果，个体再按照另一个离散与聚集两种情况下不同的概率分布选择目标城市，而这些不同的概率分布与个体做出选择时各城市的人口数有关。在这些前提下，Semboloni 模型呈现了近似直线的结果（Semboloni, Leyvraz, 2005）。该模型采用的出发点十分诱人，但添加了过多的带有人为设计特征的额外前提，尤其是要求个体按照特定的概率随机地选择搬迁目的地，这些额外的前提是很难让人信服的。

Mansury 模型以有限理性和个体的异质化为出发点解释齐普夫法则。Mansury 模型假设：在任一时刻每个个体处于一个特定的城市，城市中存在不同数量的个体。个体只能对限定地理范围内的其他城市进行观察，并根据观察的结果来判断是否移居到其他的城市以及移居到哪一个城市。个体判断一个城市好坏的依据有两个方面，一方面，该城市已有的人数对个体形成一次方关系的吸引力，另一方面，城市已有人数对个体形成二次方关系的排斥力。个体根据计算的结果对视野内的城市进行评估，从而决定移居的目的地。此外，Mansury 模型假设个体的视野服从特定的分布，并考察了不同分布对系统均衡状态的影响。研究者最终发现，当所有个体的视野满足右偏的（right-skewed）分布时，城市系统的均衡状态接近齐普夫法则的描述(Mansury，Gulyás，2007)。

此外，一个基于人群合并的自组织模型，即 Shin 模型也被用于齐普夫法则的研究。该模型假设人群之间的引力以特定的数量关系与人群的规模正相关，人群间的阻力与距离正相关，当引力超过阻力时，人群会发生合并。在这个自组织模型中，研究者观察到相变现象。当相变条件不被满足时，彼此分离的人群的规模服从帕累托分布。当临界点被跨越后，系统收敛于单个人群，对应所有人聚集到唯一城市的情况(Shin，Shin，et al.，2009)。

Mansury 模型和 Shin 模型能够成功地再现人口的帕累托分布，但两者都带有牛顿力学的明显特征，即都需要同时存在汇聚的力量和阻碍汇聚的力量。如果没有前者，城市将无法形成。但如果只有前者，所有的人都将汇聚在同一个城市。两种力量似乎都是必不可少的。

第四节　本章回顾与有待解决的问题

一、本章回顾

1. 在一些城市系统中，不同城市的人口规模存在着非常突出的指数为 1 的帕累托分布，即所谓齐普夫法则现象。

2. 大量的实证研究显示，在许多城市系统中，齐普夫法则普遍成立。但是，实证研究同样发现，也有很多城市系统的城际人口分布不适合用齐普夫法则描述，而是更接近对数正态分布，或是表现为更复杂的形态。

3. 大量通过实证研究建立的理论可以分辨出影响人口聚集程度的宏观因素，但不能解释帕累托分布或齐普夫法则现象。

4. 能够较好地预言齐普夫法则的数理模型要么依赖于现实意义不太清晰的前提，要么已经与其他的实证现象不符，要么需要假设另一个同样需要被解释的分布规律。

5. 基于个体行动的自组织模型同样含有较多人为设计的成分。这些微观行动模型全部都需要假设存在一个阻碍人口汇聚的因素，以避免其模型演化出所有人汇聚于唯一城市的结果。这个阻碍因素在不同的模型中有不同的表现形式,有的是个体随机地选择居住地(Axtell,2018);有的是个体同时拥有离散和聚集的意图,并按照特定的概率选择搬迁目的地(Semboloni,Leyvraz,2005);有的则假设存在与人口规模呈二次关系的或是与城市之间距离呈正相关的阻力(Mansury,Gulyás,2007;Shin,Shin,et al.,2009)。这些意义不明确的假设削弱了其模型的解释力。

二、有待解决的问题

1. 为什么不同城市的人口规模差异很大?
2. 为什么很多国家或地区的城市出现帕累托分布现象?
3. 为什么帕累托指数接近1?
4. 为什么其他很多城市群没有呈现帕累托分布?

本书将与齐普夫法则有关的现象作为被解释的共性现象,在后续章节以分析社会学的方法提出模型,对这些问题进行回答。

第五章
有关理论和研究发现

本章的内容是后续章节中人口迁移模型的理论基础。

第一节 城市化进程及其意义

城市化是人口从农村向城市聚集的过程。城市化进程伴随着人群之间距离的缩短、社会分工的细化以及经济增长的加快。在城市化过程中，城市中的人口越来越多，城市人口在总人口中的占比也越来越大。

大约在公元前5000年，随着社会分工的发展，出现了人类最初的小集镇。公元前2000年左右，出现了2万人左右的城市。公元1世纪，罗马拥有30万人口，到了2世纪，罗马人口数达到百万规模。经过数千年的发展，当今的最大城市已拥有2000万以上的人口（波普诺，2007；吉登斯，2011）。

就一个国家或地区而言，城市化的进程并不是匀速的。根据联合国提出的"城市化时间路径曲线"（即诺瑟姆曲线），一个国家或地区城市人口占总人口比重的变化过程为一条稍被拉平的S形曲线（见图5-1）。在早期，城市人口占比长期处于较低的水平，在中期，随着工业化的拉动，城市人口占比出现高速增长，随后，当城市人口占比达到一定的水平之后，增长又趋于缓和（郑杭生，李强等，2019）。

从全球来看，不同国家和地区的城市化进程也不是同步的。1700年，英国的城市人口占比不足2%；1800年，不到20%；到了1851年，率先发生

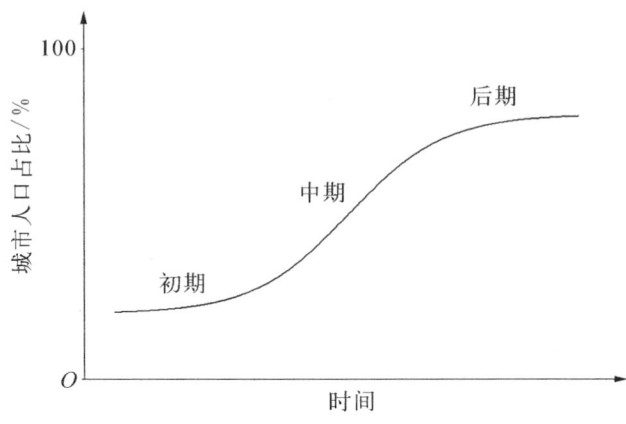

图 5-1 城市化时间路径曲线

的工业革命使英国的城市人口占比达到 50%,远超当时的世界平均水平 6.5%;1900 年占比则达到 74%。美国的城市化晚于英国,其城市人口占比分别在 1860 年处于 20%,在 1920 年处于 50% 的水平,现已超过 75%,成为城市化水平最高的国家之一。作为发展中国家的中国则在新中国成立后才进入城市化的起步阶段,至 2011 年超过 50%。全球总体上看,城市人口占比在 1950 年为 30%,2000 年为 47%,预计在 2030 年达到 60%。在分布上,发达地区的城市化水平较高,但增速较小,不发达地区城市化水平较低,但增速较大(波普诺,2007;吉登斯,2011;郑杭生,李强等,2019)。这说明全球的城市化普遍处于城市化时间路径曲线的中期或后期阶段。

第二节 有关人口迁移和分布的研究

人口迁移指的是人口在空间位置上的移动,人口迁移改变人口的空间分布。从迁移方向上看,人口迁移可分为农村之间的迁移、城市之间的迁移、农村向城市的迁移以及城市向农村的迁移。引起人口迁移的原因十分复杂,可分为政治性原因、经济性原因和社会性原因,但实际的人口迁移是一个复杂的、多因素交织影响的过程,有些分类间并无严格界限。

较早期的研究者雷文斯坦(Ernst Ravenstein)依据 19 世纪的调查数据总结出一些关于人口迁移的规律,其中包括:人口迁移受到距离的影响,短距离的迁移更多地发生,长距离迁移的目的地则是大的工商业中心;农村人群倾向于向城市迁移;随着技术的发展、工商业的发展和交通工具的改善,人口迁移不断增长;人口迁移以经济原因为主,在迁移决策中经济原因具有支配性的地位,改善生活条件是大多数人口迁移的目的(杨菊华,靳永爱,2020)。

在雷文斯坦的基础上,美国学者李(Everett Lee)完善了推拉理论。推拉理论认为,人口迁移行为是迁出地的推力与迁入地的拉力共同作用的结果。其中的推力是促使人口离开迁出地的因素,包括:自然资源枯竭、耕地不足、生产成本增加、劳动力过剩、失业率上升、生活设施缺乏、社会关系紧张等;拉力是吸引人口流向迁入地的因素,包括:更多的就业机会、更高的收入、更好的前程、更优质的教育资源和文化卫生设施、更好的居住和交通条件等。推拉理论有两个核心假设:(1)迁移行为是一种理性行为;(2)移民对迁出地和迁入地均有一定的了解,尤其是对迁入地的了解有赖于个人的接触和有效的信息来源(Lee,1966)。

赛尔(R. Sell)和德琼(G. De Jong)认为,人口迁移的决策动机包括可行性、价值、预期和诱因四个要素,具体的迁移动机往往与经济最大化、社会流动、居住满意度等有关(李竞能,2004)。布朗(L. Brown)和摩尔(E. Moore)提出,迁移的原因来自移民自身的或外部的压力,当压力使原居住地的地点效用低到一定的程度时,移民会选择迁出,而对迁移目的地进行选择则首先需要收集潜在迁入地的信息,然后形成预期,随后对原居住地和迁移目的地预期的地点效用进行比较,最后形成是否迁移的决策(段成荣,1998)。

经验研究所支持的因果累积理论认为,人口迁移对迁出地和迁入地的经济、社会、文化影响巨大,并导致土地分配、人力资本分配、收入分配、社会融合等一系列变化,这种变化形成移民因果链并影响进一步的迁移行为(Greenwood,1985)。家庭生命周期理论则指出,个人年龄和家庭生命进程与迁移行为关系密切(Clark,Withers,2007),家庭成员所经历的关键事件均可解释迁移倾向的变化,其中包括:上学、就业、结婚、生育、子女独立、退休等,这些事件都显著影响迁移行为(梁在,2012)。这些正向影响迁移行动的家庭成员的关键事件可被视为实施迁移的适当机会。

梅西（Douglas Massey）的研究表明，迁移行为的发生与迁移网络密切相关。迁移网络是通过血缘、友缘、地缘、业缘等关系形成的社会网络（Massey，1990）。在迁移决策阶段，潜在移民通过社会网络获得潜在迁入地的信息，通过这些信息建立关于迁移之后生活的预期并赖以形成是否迁移、迁往何处的决定。迁移完成之后，移民依赖社会网络在心理、工作、生活等方面更快地适应（Massey，Alarcon，et al.，2010）。大量的迁移行为涉及迁移者的工作和事业，而工作和事业则与社会网络密切相关（Granovetter，1973）。虽然中国和其他国家的社会网络特征有所不同，但无论在中国还是在其他国家，社会网络在人口迁移决策过程中的重要作用都被大量的经验研究所证实（李培林，1996；李培林，2003；姚华松，许学强，2008）。

新古典经济学的刘易斯-拉尼斯-费景汉发展模式理论认为，在发展中国家，落后、低效的农村农业部门与发达、高效的城市工业部门并存，农村剩余劳动力向城市工业部门的转移造成了主要的人口迁移现象（Ranis，Fei，1961）。托达罗（Todaro）模型强调，劳动力从农村向城市转移的动力是预期的城乡收入差距而不是实际的收入差距，这一理论可以解释大量农民即使在城市失业也依然涌入城市的现象（Todaro，1969）。斯塔克（Oded Stark）认为，迁移决策是基于迁移者在迁出地的相对贫困而非绝对贫困做出的。这些理论都认为，追求经济效益的提高是促使人们做出迁移决策和实施迁移行动的最根本原因。

人口迁移与城市化过程密不可分，城市化正是由人口从农村向城市的大规模迁移造成的。衡量城市化进程的指标包括：城市化水平，即某地区城市人口数在总人口数中的占比；城市化速度，即城市化水平的时间变化率；城市首位度，即某地区第一大城市与第二大城市人口数之比，它反映该城市体系中城市发展要素在最大城市中的集中程度。

综上所述，人口迁移和分布是一种复杂的经济社会现象，受到人口学、社会学、经济学等不同学科的研究，其中人口迁移是其动态的一面，人口分布是其静态的一面。影响人口迁移的因素很多，决策过程也十分复杂，但是总的来说，经济原因是具有支配地位的原因。研究表明，社会网络在决策是否实施迁移以及在迁移目的地的选择方面具有非常重要的作用，迁移者往往是在其社会网络的影响下获得有关迁入地的信息，建立对迁移后生活的预期,进而做出迁移决策的。此外,个体或家庭适当的迁移机会与家庭生命周期有关。

第三节 异速增长定律

异速增长(allometry)指的是,当整体的规模增加时,其部分或其某项特征量的增长与整体的增长不成比例,而是与其不等于 1 的幂成比例。异速增长的概念首先来自生物学领域。1932 年,克莱伯(Kleiber)发现:对于哺乳动物,其基础代谢率与体重的 3/4 次幂成正比。经过多年的研究和验证,现在这条规律已被发现适用于从生物体、单个细胞、完整线粒体到酶分子,其适用范围跨越了 27 个数量级(West, Woodruff, et al., 2002)。同时,一种基于生物进化的理论也提供了支持,该理论认为:生物体内存在着大量的运输网络并填充整个空间,网络的末级分叉是与生物体积无关的单元结构,如毛细血管,生物经过上亿年的进化获得了物质输送最有效的网络结构(West, Brown, et al., 1999;West, Brown, 1997),而生物体内的自相似分形结构恰恰是最有效率的结构,并可以此导出 3/4 次方定律(Banavar, Maritan, et al., 1999)。

异速增长的概念被引入社会科学的研究(Naroll, von Bertalanffy, 1973)之后,逐渐产生了不少针对城市的理论和实证研究,这些工作通常探讨城市的指标与人口规模之间的关系。若记 P 为不同城市的人口规模,Y 为与城市有关的某个量,例如:就业量、住房量、家庭用电量、汽油消耗、道路面积、工资总额、生产总值等,如果下述关系成立,则意味着存在着该量与人口规模之间的异速增长关系:

$$Y = Y_0 P^\beta$$

式中 Y_0 为标准化常数。当增长指数 $\beta < 1$ 时,称为亚线性关系;当 $\beta > 1$ 时,称为超线性关系;而当 $\beta \approx 1$ 时,是同比增长的线性关系。

围绕城市异速增长关系,产生了大量的实证研究,例如关于城市面积的:美国城市基于行政边界的面积增长指数为 0.75(Stewart, 1947),美国城市基于形态边界的面积增长指数为 0.86(Boyce，2010)，中国城市的面积增长指数为 0.86(陈彦光，张莉，2014)；关于城市道路的：美国道路长度增长指数为 0.667(Levinson，2012)，美国 441 个城市道路长度增长指数为 0.877(Mohajeri，Gudmundsson，et al.，2015)；等等。

　　一项数据规模较大的研究工作表明，当异速增长关系等式中的 Y 表示与人类个体需求相关的量（就业量、住房量、家庭用电量、家庭用水量）时，$\beta \approx 1$，呈线性关系；当 Y 表示基础设施类的量（加油站数量、汽油消耗、电缆长度、道路面积）时，$\beta \approx 0.8$，呈亚线性，体现出更少的人均消耗即规模经济优势；而当 Y 表示反映社会流动、个体互动和产出的量（专利、发明、研发人员数、创意人员数、工资总额、银行存款、生产总值、总能耗、艾滋病例数、严重犯罪数）时，$\beta \approx 1.2$，呈超线性，体现出人际互动所带来的额外增量，也反映出平均财富随城市人口规模的增长而增长（Bettencourt，Lobo，et al.，2007）。这种人际互动与城市规模的超线性关系也得到了电信网话务量数据的证实（Schlapfer，Bettencourt，et al.，2014）。在双对数坐标下，三类不同的增长曲线表现为三条不同斜率的直线，见图 5-2。

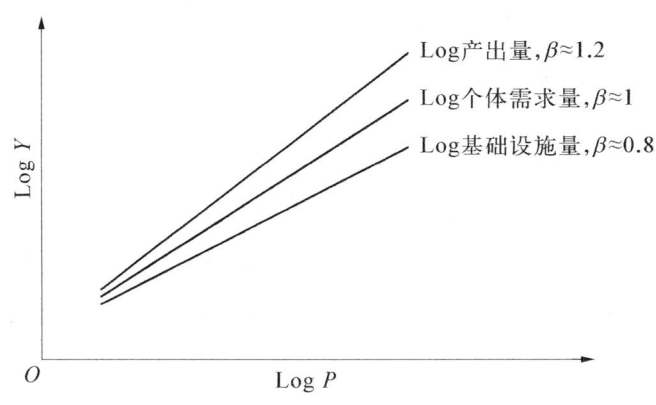

图 5-2　异速增长曲线

　　与城市相关的各种不同的量随城市人口异速增长的现象体现出人群聚集节省了消耗，增加了产出，使人们的平均收入升高，这也正是城市化最主要的动力。从微观上看，城市化的动力必然来自每个个体的行动和互动，因为城市的根本作用就是改变了人们的互动行为（Batty，2012）。根据异速增长定律，在同一个城市体系中，城市的人口规模越大，其人均收入越高。

第四节 本章回顾

1. 城市化对人类社会的发展有着深远的影响。在城市化的进程中,城市的人口规模是一个关键的变量,很多其他的变量都与其存在密切的关联。

2. 城市化时间路径曲线是一条被拉平的S形曲线。

3. 在城际迁移行为中,经济原因是具有支配地位的原因。

4. 社会网络在决策是否实施迁移以及在迁移目的地的选择方面具有非常重要的作用。迁移者往往是在其社会网络的影响下获得有关迁入地的信息,建立对迁移后生活的预期,进而做出迁移决策的。

5. 个体或家庭适当迁移机会的出现与家庭生命周期有关。

6. 在同一个城市体系中,城市的人口规模越大,其人均收入越高。

第六章
计算机模型的设计和实现

第一节 模型的理论假设

一、建立理论假设的原则

在接下去的章节,本书提供一个新的基于个体行动的理论模型来解释城市体系中人口有规律分布的现象,并回答前文所提出的有关人口分布的问题。作为一项社会学的研究而不是数学或统计学的研究,本研究将力图做到:(1) 模型中关于人群行为的假设与有关理论或现实经验相符。(2) 避免假设自身难以被解释的变量的特定分布,因为这意味着用一个新的未知解释一个已有的未知。(3) 模型中固定的参数有实证依据。(4) 对模型中非固定的参数进行较为充分的讨论,从而确定模型计算实验得出的仿真社会现象不是出于特定参数选择的偶然结果。(5) 根据分析社会学的取向,寻求尽可能简单的解释因素,即可以对现象进行解释的最小命题集,或者从模型方法普遍原则的角度来讲,探索可以复现现象的充分且必要条件(Macy, Willer, 2002)。

二、核心假设及其合理性

如前文所述,赫斯特洛姆提出,个体实施行动需要同时具备三个前提,即愿望、信念、机会。作为一个合理的假设,所有的人都有改善生活或增加收入的愿望,正如已往研究所指出的,人口迁移是一种理性行为①。

本书所提出的理论模型依赖于以下四项核心假设:(1)经济驱动——宏观上,城市形成与发展的根本力量是经济力量;微观上,个体和人群在经济力量的驱动下选择居住地,或留在原地或向其他的城市迁移。(2)信念约束——当机会到来时,只有具备适当信念的个体和人群才会实施城际迁移行动。(3)机会均等——对所有个体而言,向更大城市迁移的适当机会等概率出现。(4)非均衡态——从宏观角度看,世界上的大部分或全部的城市系统并不处于人口迁移的最终均衡态,而是正处于其动态演变的过程当中。

(一) 经济驱动

韦伯认为城市的起源具有多样性,单单经济聚集固然可以形成城市,却不是城市起源的唯一因素。尽管如此,在城市的产生和发展过程中,社会分工无疑起到了关键的作用。社会分工可以提高生产效率,而要使分工与合作高效地运行,人们就有必要彼此靠近。第二产业形成以后,人群走向城市的速度大大加快。

从近代开始,从人群总体的角度来看,一方面,由于农村生产水平的提高,有限的耕地能够吸纳的人口越来越少,公共设施和社会服务相对短缺等因素将人群推向城市;另一方面,城市中更多的就业机会、更高的收入,以及更良好的公共设施和社会保障又对农村人口产生了强烈的吸引力。在这样的推力和拉力的作用下,城市化大大加快。

从个体的角度来看,人口之所以离开农村走向城市,或是从一座城市迁移到另外一座城市,往往是为了追求更好的工作、更高的收入、更好的交通条件和居住条件、更完善的医疗服务和教育服务以及社会保障、更高的社会地位。归纳起来,人口之所以迁居是为了更好地生活。

本书的目的是要建立一个抽象的模型,以微观个体的行动作为出发点而指向其宏观社会的后果。这样,就必须对个体行动的意义进行简化和抽象,从而掌握个体行动中本质的意义。就本书所研究的内容而言,在个体迁移的诸多目的当中,以"增加收入"为代表是比较适当的选择。这是因为,个体迁移的许多目的能否达成与其收入是否提高有着很强的关联。例如,如

---

① 部分人口没有迁移愿望的情况将在后文中讨论。

果一个人从农村来到城市后收入水平降低了,改善居住条件的愿望可能也就无从谈起了,因为相对于农村而言,城市的生活成本更高些。

因此在本书的模型中,个体迁移的唯一目的是为了"增加收入",即以增加收入作为迁移行动所有目的的代表。应该指出,这种抽象的合理性与所研究的问题有关,例如,如果一项研究的目的是解释城市内部人口分布格局的有关现象,这样的抽象很可能是过度简化的,因为城市内部空间结构的形成可能与人群多样化的目的有关。

虽然现实生活中也存在很多个体从城市迁往农村的案例,但在城市化运动中,人群迁移的主流方向是从农村迁往城市,从小城市迁往大城市,这一现象的主要动力就是为实证研究所证实的城市的异速增长现象,即在同一个城市系统中,城市的人口规模越大,社会分工就越细化,生产和创新效率就越高,人均收入也就越高。如前文所述,实证数据显示城市的经济产出随其人口规模呈 1.2 次幂增长。

在本模型中,只采用弱化的异速增长定律,即将城市的人均收入视为一个定序变量——在同一个城市系统中,人口规模越大的城市有越高的人均收入。采用实证现象基础上的弱化假设意味着更高的理论可靠性,因为这样做排除了异速增长指数的测量误差可能带来的推论偏差。换言之,即便真实的异速增长指数不是 1.2,甚或是城市经济收入并不随人口规模呈现幂指数增长,只要人均收入水平与城市人口规模呈正相关,本模型的这项假设就可以成立。

本模型的这项假设与前文所述的理论和实证研究的结果相符,即经济因素是人口迁移的支配性动力来源。

(二) 信念约束

在本书所研究的人口城际迁移问题中,信念的含义是"我可以通过移居到更大的城市增加收入",或是反之,"我不能通过移居到更大的城市增加收入"。不同个体所持的信念与两方面的因素有关。影响个体信念的第一类因素是个体所持有的经济资本、人力资本和社会资本等影响其"能力"的因素,第二类因素是对城市或更大城市的就业机会、收入水平、公共设施、社会保障以及生活成本、交通条件、居住条件、发展空间等情况的了解程度和认识程度。个体在进行涉及城际迁移的决策时,把这两方面的因素放在一起进行匹配并产生自己一旦移居之后生活状况的预期,然后与当前的处境进行比较,从而形成迁移或不迁移的决定。在这个决策过程中,对潜在移居城市的了解和认识是必不可少的。在现实生活中,这种了解和认识通常产生于与这个城市中的人的某种关联,而不是仅仅采用全局的、关于潜在移居城市的宏观信息作为移居行动的决策依据。例如,一个人决定从家乡移居首都,往往是因为"某某的个人条件与我相似,去首都以后生活比我更好,所以我也可以去首都并因此生活得更好";而不是"首都的人均收入更高,因此我要去首都"。所以,个体信念的建立依赖于与这个潜在移居目的地的人的关联。形象一点讲,如果一个人只"认识"本地人,就无法建立自己"去首都可以生活得更好"的信念,尽管他"听说过"那里的人"都很有钱"。这样,个体的有关移居其他城市的信念依赖其社会网络来建立,个体可以建立信念移居的目的地城市限于其个人社会网络所及。

本模型的这项假设与前文所述的理论和实证研究的结果相符,即人口迁移的决策和实施与社会网络有着密切的关联。

现实生活中的个体具有非常多的异质性。前文的研究常常将有关的个体异质性进行分级量化的抽象,例如定义可以分级赋值的变量来表示个体的"个人能力""对工作的投入程度"等(Axtell,2018),这样做显然与事实更为接近,模型也会更加细致和"逼真"。但本书的模型对这些个体差异不加区分。在进行多元回归分析的时候,我们常常采用"前进法""后退法"等方法去剔除那些实际上与被解释变量无关的或非独立的潜在解释变量,从而发现对被解释变量更实质性的影响因素。与此类似,本书的目的是探索人口分布更为实质性的决定因素,希望确定哪些是理论预言现象所必不可少的前提。因此,模型引入的变量越少越好,而不是相反。当然,在使用已经成熟的模型解释其他现象的时候,则可以根据需要引入新的解释变量。出于上述原因,本书对个体的抽象只保留两个异质性,即个体所处的地点和个体的社会网络,两者共同影响个体信念的形成。

(三)机会均等

根据有关人口迁移的家庭生命周期理论,家庭成员所经历的关键事件与迁移行为密切相关,关键事件包括:上学、就业、结婚、生育、子女独立、退休等,这些事件发生时是个人或家庭实施迁移的适当机会。这些适当机会的出现只与家庭生命周期有关而与个体或家庭所在乡村或城市的人口规模无关。因此,对于所有人群,不论其所处地点的人口规模如何,适当的迁移机会等概率出现。应该强调,机会等概率出现不意味着迁移行动等概率发生,因为迁移的实施还受到信念的约束。例如,在模型中身处最大城市的个体实际上没有迁移的可能,因为不存在人均收入更高的城市可以作为迁移目的地,人群也就无从建立迁移信念。

(四)非均衡态

较早的研究工作往往通过理论假设演绎出城市系统会"最终"收敛于齐普夫法则的分布形态(Axtell, Florida, 2001; Gabaix, 1999; Mansury, Gulyás, 2007; Semboloni, Leyvraz, 2005; Simon, 1955),这实际上明示或隐含着一项假设,即在收集人口数据的时候城市人口分布处于这个动态系统的均衡状态,进而城市化运动是一个随处接近平衡态的准静态过程[①]。于是,所有宏观的数理模型、微观的行动模型都试图使其动态模型在达到均衡状态的时候呈现出符合实证数据的特定分布。

而实际上直至当下,总体上看城市人口在总人口中的占比仍在不断上升,且增速仍然较高,因此均衡态假设或准静态过程假设的理由并不充分。相反,经验数据表明,城市化进程是一个极其长期的过程,其演化轨迹遍布全部的人类文明史。因此本书认为,城市化以及相关的人口迁移运动正处于其过程之中,而不是均衡状态或准均衡状态。

第二节 模型的计算机实现

本研究的计算实验平台需要具备以下功能:(1)通过编程来仿真大量异质性个体的行为;(2)图形化显示,因此选择 Netlogo 平台(Netlogo 平台的工作界面见图 6-1)。数据分析和绘图采用 SPSS 软件、Excel 软件和其他绘图软件。

Netlogo 是一个预制的计算实验平台,可以方便地设置代表空间的平面单元格(cell)、代表行动主体的行动者(agent)以及代表行动者之间关联

[①] 准静态过程,一种理想过程,由一系列依次接替的平衡态所组成。

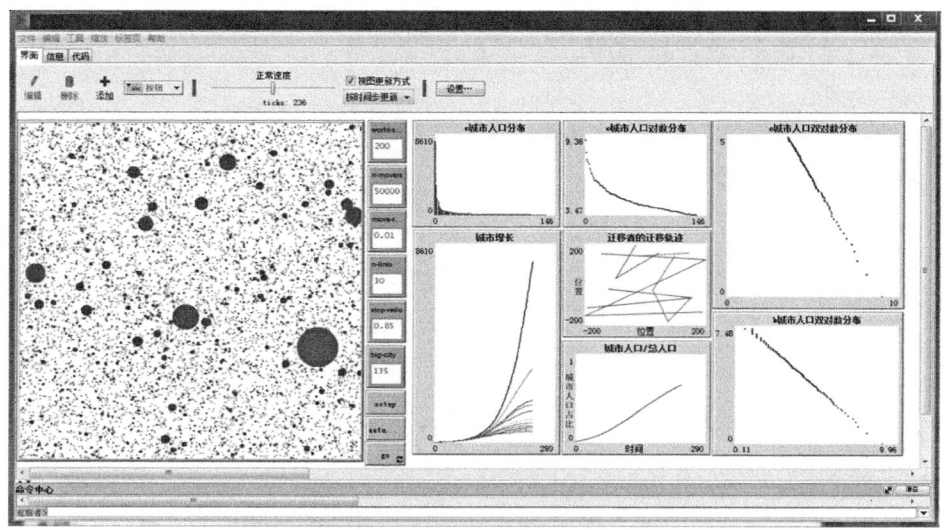

图 6-1　Netlogo 平台工作界面

的链接(link)。对单元格、行动者和链接均可以定义属性。行动者可以根据程序设置的规则在不同的单元格之间移动,而行动者的移动可以导致其出发单元格和到达单元格某种属性的变化。在本模型中,每个单元格代表一个地点,每个行动者代表一个人群,每个链接代表一个人群之间的社会网络关系。计算实验平台中的单元格、行动者和链接如图 6-2 所示。

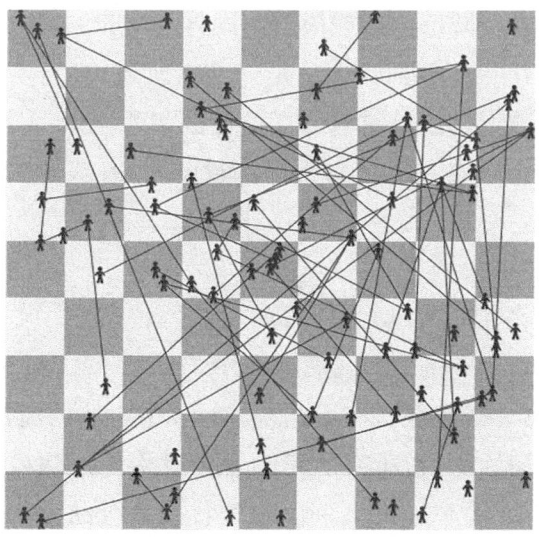

图 6-2　计算机模型中各种对象的示意图

一、计算机模型的构成

计算机模型包含三类对象,分别是行动空间、行动者、行动者之间的链接和收入。

(一) 行动空间

模型定义一个边长为 L 的正方形平面区域作为模型中行动者运动的空间。该平面区域代表的是一个国家或地区的地理区域,在这个区域内,人口可以在经济力量的驱动下自由地迁移。整个平面区域被分为 L^2 个方格,代表 L^2 个地点。根据不同方格中含有的行动者的数量,每个地点可以代表城市、城镇、乡村、无人区。

"收入"是地点的属性,代表处于该地点的所有人群通过生产活动产生的总收入。城市、城镇、乡村等地点的总收入按照下式定义:

$$Q_i(t) = Q_0 P_i(t)^\beta$$

式中,Q_i 表示第 i 个地点所有人口的收入之和,对应地区生产总值;P_i 表示第 i 个地点所有人群的数量,对应该地点的人口规模;Q_0 为标准化常数;异速增长指数 β 取常数 1.2。地点中每个人群的平均收入为该地点的总收入除以人群的数量,这意味着一个城市、城镇或乡村的总收入被所有的居民均分。城市的总收入与城市人口规模之间的异速增长关系,以及增长指数 β = 1.2 并不是本书的一项理论假设,而是如前文所述,来自实证观察。本模型中行动者的行动逻辑只涉及对收入变量进行定序计算,不涉及定量计算,因此实际上采用了实证数据基础上弱化的假设,即人口规模越大的城市人均收入越高。

(二) 行动者

程序生成 P 个自主行动主体,即行动者,代表 P 个规模相等的人群。行动者可以在代表地点的方格之间移动。在任一特定时刻,任一人群处于某一个地点,而第 i 个地点含有 P_i 个人群,其中 i 的取值范围为 1 至 L^2 的正整数。在程序初始化时,所有的行动者接近均匀地随机分布在各个方格中,代表城市出现之前小规模人群的聚居状态。行动空间与行动者初始的分布情况如图 6-3 所示,其中每个斑点表示一个人群。

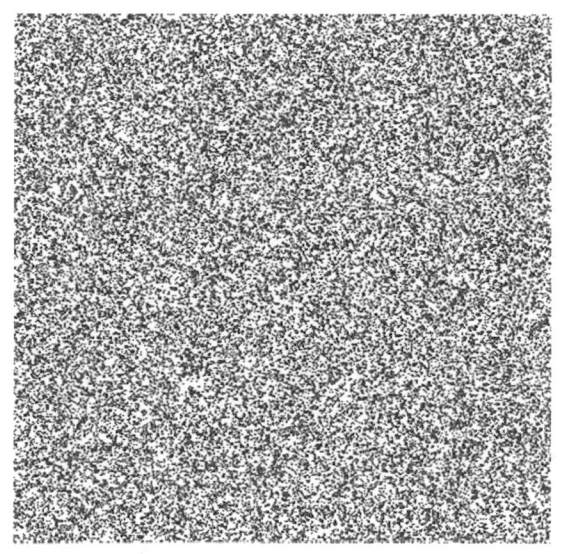

图 6-3　行动者和行动空间的初始状态

(三) 行动者之间的链接

行动者之间存在选定数量的链接，见图 6-4，图中显示了 4 个行动者与其他行动者之间的链接。链接代表人群之间的关联，即社会网络。如上文所述，人群之间的社会网络是人群城际迁移信念产生的前提。

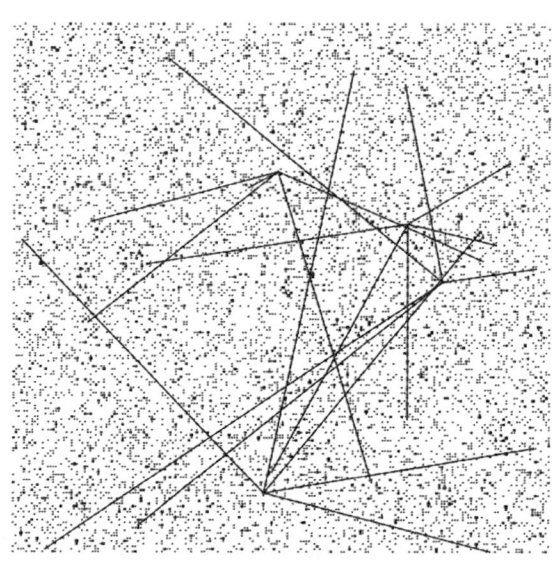

图 6-4　行动者之间的链接

二、模型的程序流程

模型的程序框图见图6-5。程序初始化之后,行动者在代表城市和乡村的地点形成初始的分布。各个地点的总收入按照异速增长定律确定,计算各地点的人均收入,并弱化为定序变量。在每一个计算循环中,代表人群的行动者采用实时的各城市人均收入状况作为输入条件,以行动逻辑作为计算和判断规则来判断是否迁移到其他地点;人群的迁移导致城际人口分布的变化,从而改变各城市的人均收入……如此不断循环。在计算循环中,个体的行动改变了环境,而环境的变化反过来影响个体的进一步行动。在计算实验进行的过程中,研究者观察城际人口分布状况,记录数据并进行分析。

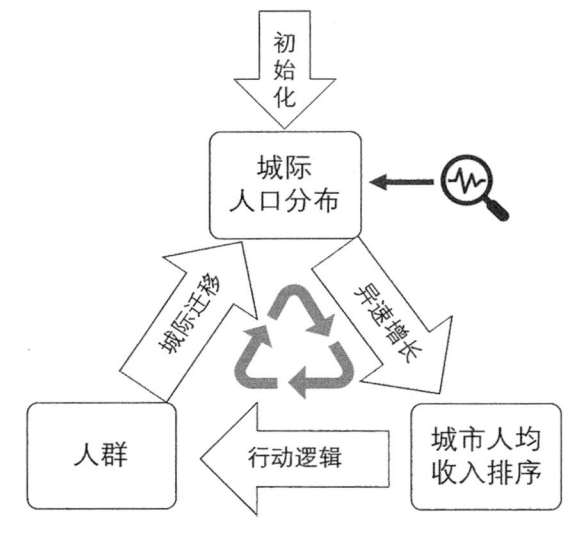

图6-5 模型程序框图

三、行动者的行动逻辑

与更早的同类模型相比,本书提出的计算机模型中行动者的行动逻辑十分简单,见图6-6。人群有提高收入的愿望,通过与人均收入更高的城市人群之间的社会网络,获得迁移可以提高收入的信念。适当的机会来临时,人群迁移至该人均收入更高的城市。用模型的语言来陈述:行动者之间存在一定的链接关系,其中有些链接对象处于行动者数量更多的地点,在特定的时间段内,即程序运行的一个循环中,一定数量的行动者被随机激活,被激活的行动者随机地选择一个处于行动者数量更多的地点的链接对象,并移动到该链接对象所处的地点。

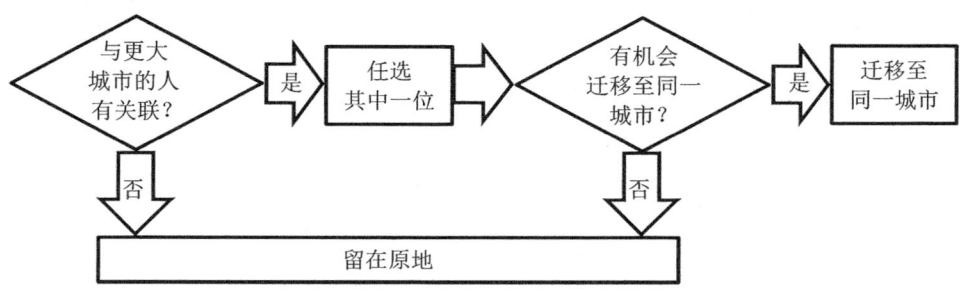

图 6-6　行动者的行动逻辑

四、人口聚集的社会过程模型

计算机模型所代表的社会过程就是社会过程模型。本书所提出的社会过程模型可归纳如下。

在城市出现之前,一个地区的所有人口在整个地域内接近均匀地随机分布,形成具有不同人口规模的聚居地。一个聚居地的人口越多,人均收入就越高。人群有提高收入的愿望。人群之间存在一定的社会网络关系,对于一个人群而言,有些社会网络关系连接其他聚居地的人群,而在这些其他的聚居地当中,有些聚居地的人均收入高于人群所在的聚居地。通过这样的、与人均收入更高的聚居地的人群之间的社会网络关系,人群可以获得信息,建立信念,相信自身可以通过迁移至该聚居地来提高收入。有了愿望和信念之后,人群等待机会,当适当的机会来临时,人群实施向该聚居地迁移的行动。一个人群的迁移带来迁出地和迁入地人口规模的变化继而两地人均收入的变化,大量人群的迁移导致整个地区人口分布的变化以及各地人均收入的变化,这种变化的总体后果是人群聚集程度的提高。随后,人群在变化之后的社会环境中,依据变化之后的状况重复这一建立信念并实施迁移的过程,导致人口进一步汇聚,逐渐达到人口大规模聚集的状态,出现城市群。城市出现之后,乡村和城市中的人群仍然以相同的行动条件和行动方式向更大的城市迁移，这个过程不断重复。

五、计算实验参数设置

模型参数的选取需要兼顾几个因素：(1) 模型计算实验结果的可信度；(2) 计算机的计算能力。前者要求模型中地点与人群的数量较多，后者则对数量形成限制。

(一) 基准参数

计算机模型涉及一些对计算实验结果有影响的参数。本书首先定义一组参数作为基准参数并以此进行计算实验。然后测试并分析这些参数的不同取值对计算实验结果的影响及其意义。

1. 地点数。在本模型中，城市、城镇、乡村和无人区通称为"地点"，以平面区域上的方格来代表。作为基准设置，取方格数为 160 801 个，即约 16 万个。

2. 人群数。在模型中，不同的行动者代表人数彼此相等的人群。出于本研究的目的，需要将模型的计算实验结果与实证研究的结果进行比较，而不同的实证研究所涉及的总人口数差别很大。为了探索适用于不同人群规模的城际人口分布理论，本模型对每个人群中含有的人数不做定义，一个人群可以包含任何人数，但在任何一次计算实验中，不同行动者所代表的人数相等。计算机的运算是串行的，而人的行动是并行的，就是说，个人并不是等待他人的行动结束之后才会采取自己的行动，相反，不同个体的行动是同时发生的。所以在模型中将人群，即行动者，作为行动主体的最小单位也意味着用串行的计算机来仿真人群的并行行为，从而与现实情况更加接近。作为基准参数，行动者数量取为 5 万个，代表 5 万个规模相等的人群。

3. 人群链接数。在模型中人群之间的关联，即社会网络，限制了迁移信念的产生并约束了行动者的迁移。人群关联被操作化为模型中行动者与其他行动者之间链接。链接的数量显然没有实证的数据可以借鉴。作为基准参数，选择每个行动者与其他行动者的链接数量为 0—30 之间的随机整数，表示不同的人群有着不同水平的人际关联，也体现了人群的异质性。在后文中将对链接数不同取值的影响进行讨论。

4. 激活率。一方面，在现实中并不是所有人可以同时获得在城市间迁移的适当机会；另一方面，计算实验需要对仿真的人口分布演化的过程进行观察，因此需要定义一个百分比参数来表示在每一个运算循环中进行迁移决策的行动者占所有行动者的比率，这个比率称为"激活率"。作为基准取值，激活率设为1%，即在每一个运算循环中，有随机选取的500个行动者进行涉及迁移的决策。计算机模型中的激活率对应社会过程模型中的适当迁移机会，后者与家庭生命周期中影响迁移的关键事件相关。

被激活的行动者在所有的行动者中随机选取，不区分行动者当前所在地点的人群规模。这样，处于不同地点的人群有相等的概率被激活从而进行决策，实施迁移，代表所有人群机会均等。但是，因为每个行动者的行动逻辑是在人均收入更高的地点中随机选择迁移目的地，所以从迁移目的地的角度来看，有更大的概率得到从人均收入较高的地点迁来的人群。用形象一点的语言来说，县城的人口比偏远乡村的人口更有机会迁入省城；反之，迁入省城的人口有较高的比率来自县城而不是偏远乡村，乡村人口的一部分则会迁入县城，弥补县城的人口流失。

5. 城市。在不同的实证研究中"城市"的定义是不同的，往往与人口数据的获得途径有关。有的根据行政区的划分以及人口调查的结果来定义城市，有的从功能的角度划分城市，有的则采用卫星图的夜光亮度来划分城市并估算人口数量，等等（魏守华，孙宁等，2018）。城市与城镇的分界点也有不同的标准，有的采用20万人，有的采用15万人，有的则更少，采用几千人的标准。

在本模型中，每一人群所含人数是无定义的，且前述的对城市进行定义的标准都无法采用。不过，本模型所研究的问题是不同城市之间人口数的相对关系，所以城市与城镇之间的分界线并不重要。此外，本模型对城市进行定义的唯一原因是衡量行动者从准均匀分布开始向少数地点聚集这一过程的进行程度，因此在一定的人口数量范围内定义城市与城镇的分界线都是可以的，不会影响计算实验的结果。出于方便，定义全部约16万个地点中人口数排在前约1%的地点为城市，即城市的数量为1500个。

6. 截点城市。截点城市是在实证研究中选取的纳入统计回归分析的最小城市,人口规模大于截点城市的城市纳入回归分析,小于截点城市的则排除在分析样本之外。很多关于齐普夫法则的实证研究都选择人口规模排在第135位的城市为截点城市,即只对排位在前的135个城市进行回归分析(Eeckhout,2004;魏守华,孙宁等,2018)。出于与实证数据进行比较的方便性,本模型在基准参数的设置中取截点城市为排名第135位的城市。

(二) 进程参数和基准时刻

已有的关于人口城际分布的实证数据来自不同的国家或地区,若要对这些案例进行研究,就需要有一个公共的基准以便比较。由于这些国家或地区的城市化启动时间不同,城市化水平差异很大,速度也不相同,因此时间本身并不是一个合适的基准,这个基准应该是反映出"城市化程度"这一含义的城市化率指标。

相应地,在模型中也需要区分在这个过程中的不同阶段和时间点。定义"聚集率"这一概念,用 λ 表示,其含义是:按拥有行动者的数量从大到小排名,前1500个地点中的行动者数占全部行动者数的百分比。聚集率的取值范围是0与1之间,且随着行动者的汇聚进程逐渐变大。在同一次计算实验中,λ 越大表示行动者聚集的程度越高,代表城市化水平越高,在系统演进过程中的相对时间越晚。计算实验需要反复进行,每次实验中行动者汇聚的速度也并不相同,有了聚集率这一进程参数,就有了一个公共的对行动者汇聚程度的度量参数,可以在"达到相同的城市化水平"这一意义下对不同的计算实验结果进行比较。如果在聚集率相同的情况下对模型的两次运行结果进行观察,就意味着两次的仿真结果是在相同的城市化程度下获得的。从定义可以看出,模型中的聚集率与现实中的城市化率正相关。

在模型初始化之后,行动者接近均匀地分布在16万个地点中,前1500个地点中的行动者数占比接近1%,模型的这个状态接近城市出现之前人群的聚居状态。在当下,城市化率已达到较高的水平。相应地,出于方便,取 $\lambda=80\%$ 的时刻为"基准时刻",即在模型中当全部行动者的80%聚集到行动者数量排名前1500位的地点的时刻。这样,对于模型的每次运行就有了一个公共的进程度量。

第三节 本章回顾

一、理论假设的要点

1. 当愿望、信念和机会同时具备时，个体会在城市间迁移。
2. 人口规模越大的城市人均收入越高。
3. 个体有通过城际迁移提高收入的愿望。
4. 城际迁移信念的建立依赖于个体的社会网络。
5. 对于所有个体而言，适当的迁移机会等概率出现。
6. 城际人口迁移运动处于其过程之中而非均衡状态。

本模型假设城市人口迁移系统在当下仍处于非均衡状态，在实证数据收集的时候更是如此。模型的理论假设采用了已有理论或实证研究的结果，不预设存在来源不明的"阻力"，不引入现实意义不明确的变量，不借助任何意义不明确的特定的变量分布，模型十分简洁。

二、模型运行方式要点

代表人群的行动者首先获得初始地点和链接关系。在程序运行的每一个循环中，一定数量的行动者被随机激活，被激活的行动者随机地选择一个处于行动者数量更多的地点的链接对象，并移动到该链接对象所处的地点。

第七章
计算实验结果

模型程序开始运行之后,最初在不同地点随机分布的行动者按照规则开始聚集,逐渐形成行动者数量较高的一些地点,代表人口规模不等的城镇和城市,见图7-1。图中圆斑的面积正比于圆心所在地点行动者的数量。

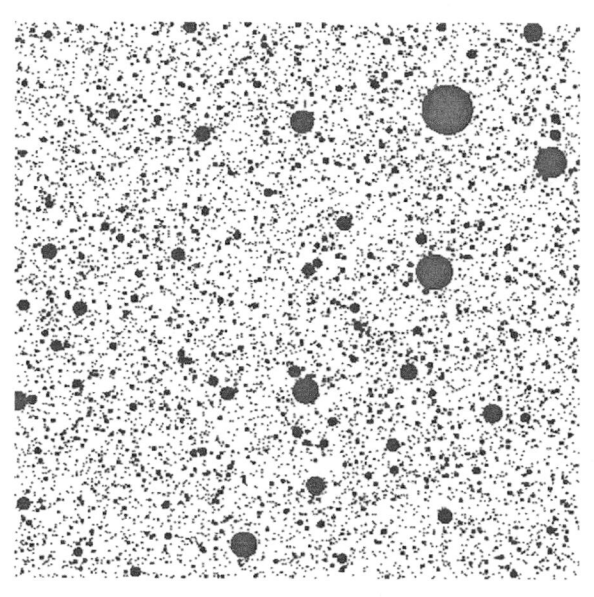

图7-1 行动者的聚集

第一节 城市演化过程的仿真

总体上讲,由于在模型初始化时行动者在整个行动空间内随机分布,所以在任何两次计算实验中系统的发展轨迹都是不同的。不过在计算实验中观察到的全部个案仍有一些共性的特征。在每个个案中,行动者汇聚的过程主要分为两个阶段:(1) 同步增长阶段;(2) 极化增长阶段。在早期的同步增长阶段,随着"人群"的汇聚,较大"城镇"的"人数"同步增长,但增长的速度不同,通常越大的城镇增长也越快,但也存在排名更替的情况。排名前 11 位的"城市"在这个阶段的"人口"增长情况如图 7-2 所示。图中每条曲线表示一个"城镇"的人口数的变化过程。排名靠前的城市的人口数呈加速增长的趋势。

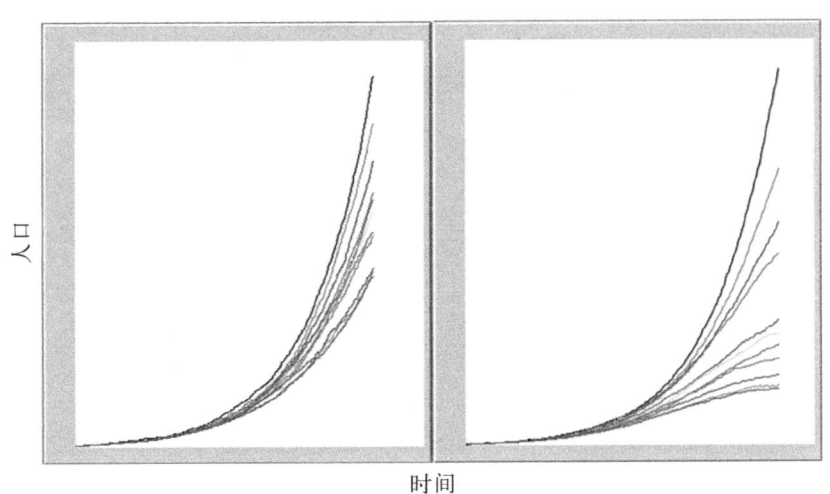

图 7-2 同步增长阶段

随着"乡村"和较小"城镇"人口的减少和逐渐枯竭,"城市"中的较小者从人口获得者逐渐过渡成为人口流失者。经过一段时间的滞后,更大些的城市开始失去人口,这个趋势逐步上传,直至除了人口排名首位的"城市"之外,所有"城市"的人口数都转入下降阶段,系统进入极化增长阶段,在这个阶段,进入前 1 500 个地点的行动者数仍在增加,但就单一"城市"而言,只有排名首位的"城市"人口仍在增加,见图7-3。图中每条曲线表示一个"城市"的人口数的变化过程。

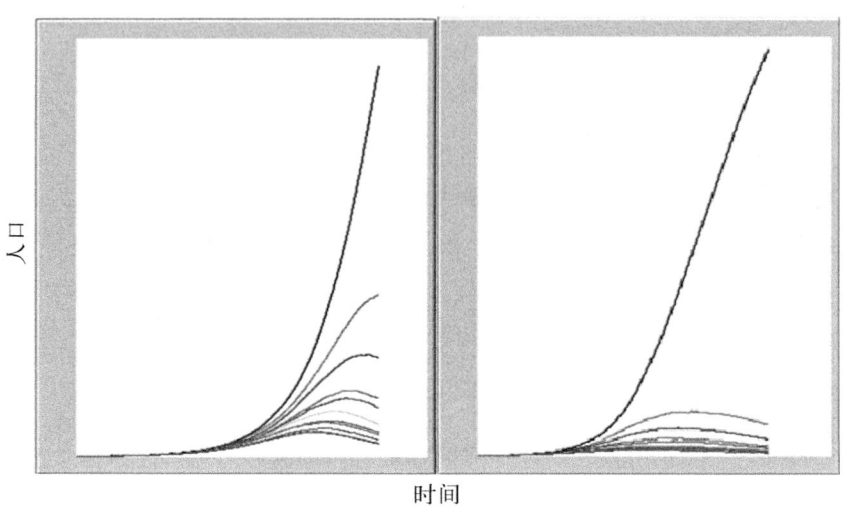

图7-3 极化增长阶段

模型中的城市系统演进至极限状态时,只有唯一的一座"城市",见图7-4。

图7-4 模型城市系统的极限状态

在这个过程中,双对数坐标下不同地点的行动者数——位次分布也出现相应的变化。排名靠前的 1 500 个"城市"的"人口"——位次分布变化见图 7‑5。图中的曲线是不同聚集率取值时行动者数——位次分布数据点的连线。

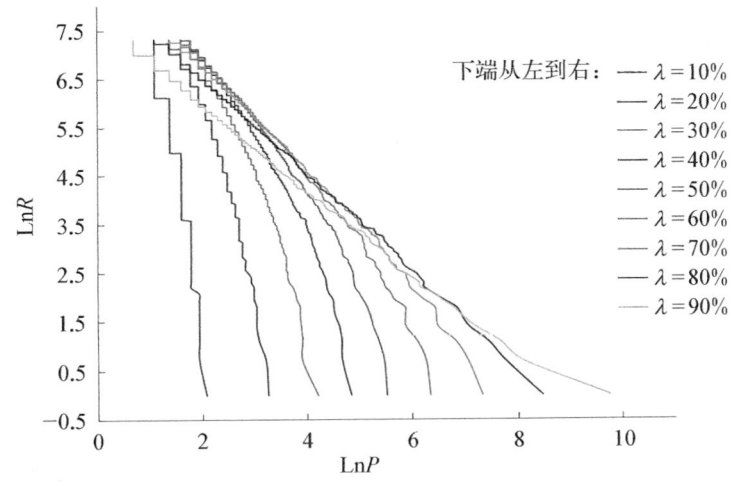

图 7‑5　行动者数——位次曲线的变化

从图 7‑5 中可以看出:

1. 在模型运行的初期,即 $\lambda=20\%$ 时,行动者的聚集刚刚开始,分布情况接近均匀分布,呈现一条大斜率直线的轮廓。随后当 $\lambda=40\%$,$\lambda=60\%$ 时,"中等城市"的"人口"平均增速较高,分布呈现上凸的曲线形状,当 $\lambda\approx 80\%$ 时,分布曲线最接近直线。当 λ 达到 90% 时,图中箭头所示的最大城市成为离群点,又使分布的线性度下降。

2. 当 $\lambda \neq 80\%$ 时,有些分布曲线仍有较好的线性度。

3. 随着模型的演进,行动者数——位次分布数据点的连线右移并逆时针旋转。右移的含义是城市中的人口数增加,逆时针旋转的含义是较大的城市有较高的人口增速。

4. $\lambda=90\%$ 的分布曲线与其他的曲线形成交叉,反映出系统已经进入极化增长阶段,即最大的城市仍在增长而其他城市的人口数已经开始下降。这说明本模型预言了当城市化发展到一定的阶段后会出现部分较大城市衰退的现象,而这一现象已经在国内外发生。

第二节 齐普夫法则现象的再现

模型以基准参数作为初始条件,程序开始运行后,随着行动者的聚集,不同地点拥有的行动者数量开始形成越来越大的差距。程序跟踪排名前1500位的地点中行动者的数量,当这一数量之和达到行动者总数的80%,即基准时刻到达时,记录代表截点以上城市的前135个地点中各自的行动者数量。

按照实证研究文献中普遍采用的方法,将135个地点的行动者数量按照从大到小排序,1-1号计算实验的结果见表7-1。

表7-1 一次计算实验结果

地点位次	行动者数	地点位次	行动者数	地点位次	行动者数
1	4 820	2	2 389	3	1 597
4	1 133	5	988	6	738
7	632	8	584	9	488
10	463	11	444	12	428
13	388	14	383	15	367
16	337	17	319	18	312
19	301	20	245	21	242
22	238	23	232	24	226
25	221	26	213	27	206
28	195	29	193	30	191
31	190	32	179	33	165
34	161	35	158	36	153
37	147	38	145	39	144

续 表

地点位次	行动者数	地点位次	行动者数	地点位次	行动者数
40	141	41	131	42	131
43	129	44	125	45	123
46	122	47	120	48	119
49	116	50	113	51	113
52	112	53	108	54	107
55	106	56	106	57	106
58	105	59	100	60	100
61	98	62	92	63	88
64	86	65	85	66	84
67	84	68	83	69	81
70	79	71	79	72	76
73	76	74	76	75	74
76	72	77	72	78	72
79	71	80	70	81	70
82	70	83	68	84	68
85	68	86	67	87	66
88	66	89	66	90	64
91	64	92	64	93	62
94	61	95	60	96	59
97	59	98	57	99	57
100	55	101	55	102	54
103	52	104	52	105	52
106	52	107	50	108	50

续 表

地点位次	行动者数	地点位次	行动者数	地点位次	行动者数
109	50	110	49	111	49
112	48	113	47	114	47
115	47	116	46	117	46
118	44	119	44	120	44
121	44	122	44	123	43
124	43	125	43	126	43
127	42	128	42	129	42
130	42	131	42	132	41
133	40	134	40	135	39

以各地点行动者数的自然对数为横坐标,以各地点位次序号的自然对数为纵坐标进行作图,结果如图 7-6 所示。经过对数处理后,各地点的行动者数与地点的位次数形成良好的直线关系。

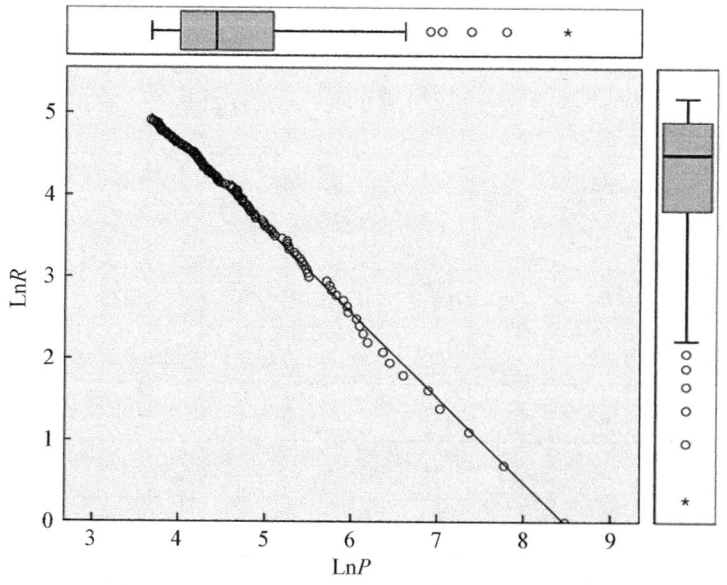

图 7-6　一次计算实验的结果

计算实验共进行 30 次,得到 30 组数据,随后对 30 组数据分别进行线性回归分析,分析结果见表 7-2。从表中的数据可以看出,30 次计算实验的结果全部通过检验,可以进行优度较高的线性回归,且各组数据的回归系数即帕累托指数的均值为 1.012,标准差为 0.021,与齐普夫法则的预期值相当接近。这意味着模型再现了齐普夫法则现象的形成过程。30 次计算所得帕累托指数不符合正态分布,见图 7-7。

表 7-2 计算实验数据的回归分析结果

计算实验编号	帕累托指数（回归系数）	P 值检验	调整后的 R 方	样本数
1-1	1.036	3.28E-170	0.997	135
1-2	0.987	3.16E-167	0.997	135
1-3	1.021	1.15E-181	0.998	135
1-4	1.008	2.68E-167	0.997	135
1-5	1.073	1.06E-148	0.994	135
1-6	0.995	3.70E-167	0.997	135
1-7	0.994	1.05E-172	0.997	135
1-8	1.013	5.20E-183	0.998	135
1-9	0.992	4.90E-169	0.997	135
1-10	1.007	1.64E-187	0.998	135
1-11	1.021	1.33E-157	0.995	135
1-12	0.993	1.68E-163	0.996	135
1-13	1.047	8.38E-175	0.997	135
1-14	0.996	5.87E-162	0.996	135
1-15	1.015	1.86E-161	0.996	135
1-16	0.991	2.92E-172	0.997	135
1-17	1.032	5.66E-157	0.995	135
1-18	0.994	9.45E-156	0.995	135

续　表

计算实验编号	帕累托指数（回归系数）	P值检验	调整后的R方	样本数
1-19	1.019	6.33E-164	0.996	135
1-20	0.984	6.63E-163	0.996	135
1-21	0.997	1.19E-166	0.997	135
1-22	1.010	1.35E-185	0.998	135
1-23	1.033	2.52E-184	0.998	135
1-24	1.036	1.02E-168	0.997	135
1-25	1.027	7.54E-167	0.997	135
1-26	1.008	1.16E-177	0.998	135
1-27	0.993	9.83E-180	0.998	135
1-28	1.029	9.17E-197	0.999	135
1-29	1.008	1.00E-174	0.997	135
1-30	0.997	2.13E-182	0.998	135
均值	1.012			
标准差	0.021			

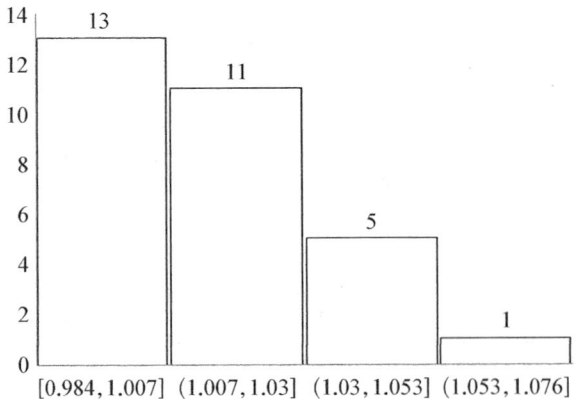

图7-7　帕累托指数的分布

第三节 数据曲线的特征及其含义

一、数据分布的线性特征及其含义

聚集率 λ 的含义是最大的 1 500 个城市中的人口占总人口的百分比。不同的聚集率对应城市化进程的不同时刻。模型开始运行后,在 8 个不同的时间点,即在聚集率 λ 为 8 个不同取值的情况下记录排名前 135 的地点中行动者的数量,计算对数,进行线性回归分析,结果见图 7-8。

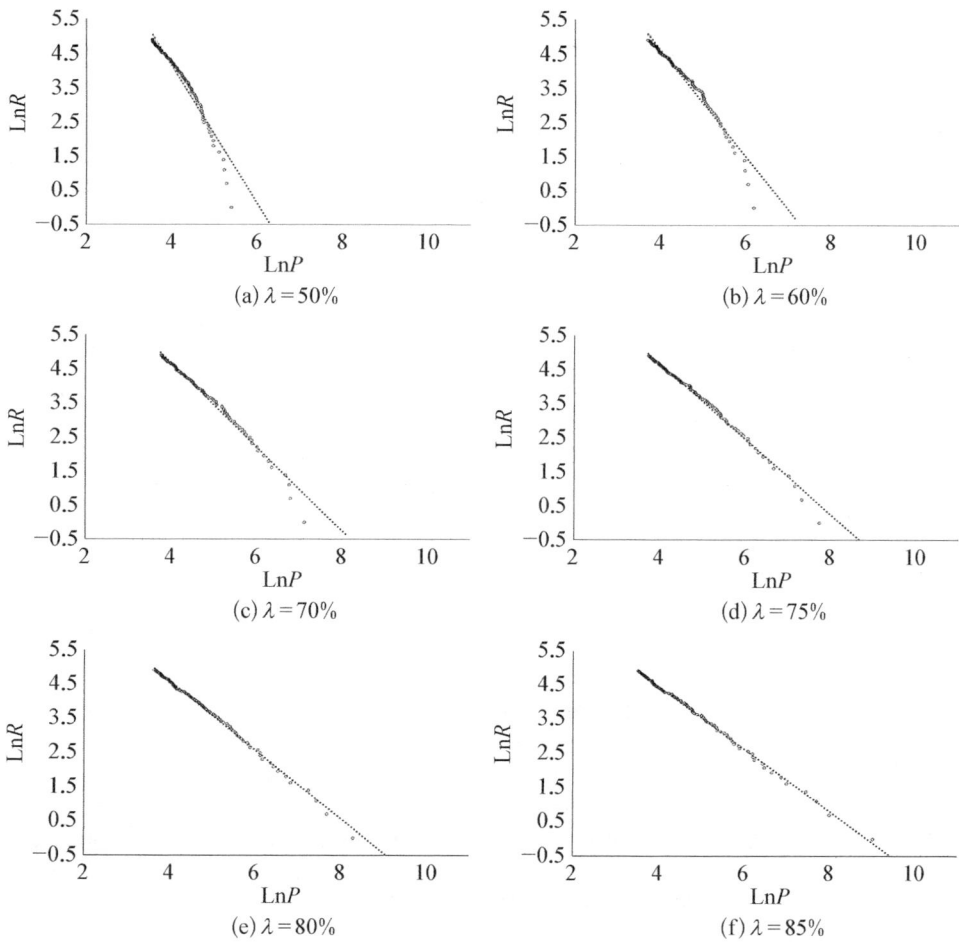

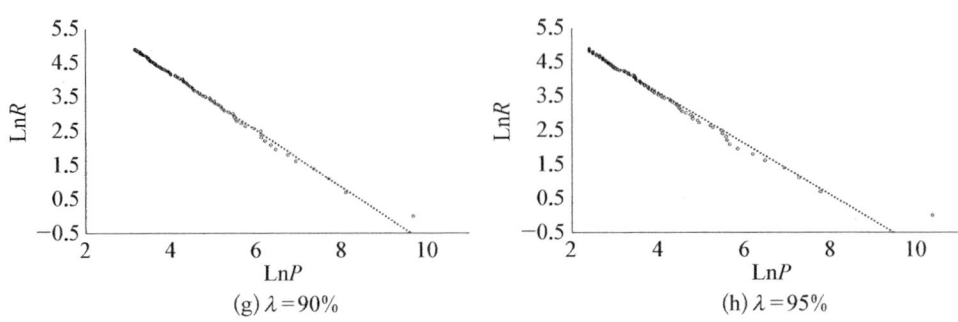

图 7-8 齐普夫线变化过程

这一过程重复 5 次，共得到 40 组数据，记录于表 7-3。表中 λ 为聚集率，α 为回归所得帕累托指数，AR^2 为调整后的 R 方。

表 7-3 不同聚集率时的线性回归结果

λ	编号	2—1	2—2	2—3	2—4	2—5	均值	标准差
50%	α	2.004	2.049	2.181	2.028	1.990	2.050	0.076
	AR^2	0.946	0.962	0.943	0.970	0.950	0.954	0.011 4
	P 值	1.76E−86	3.50E−96	9.68E−85	9.80E−104	1.30E−88		
60%	α	1.561	1.564	1.649	1.522	1.532	1.566	0.050
	AR^2	0.965	0.975	0.957	0.974	0.972	0.969	0.007 6
	P 值	4.06E−99	1.28E−108	7.08E−93	3.18E−107	3.58E−105		
70%	α	1.229	1.247	1.288	1.221	1.225	1.242	0.028
	AR^2	0.986	0.988	0.981	0.988	0.985	0.986	0.002 9
	P 值	2.17E−125	2.24E−129	7.59E−116	7.31E−129	1.03E−122		
75%	α	1.102	1.122	1.151	1.097	1.103	1.115	0.022
	AR^2	0.993	0.994	0.989	0.993	0.990	0.992	0.002 2
	P 值	1.15E−145	4.23E−150	3.01E−131	5.55E−144	7.94E−136		

续 表

λ	编号	2-1	2-2	2-3	2-4	2-5	均值	标准差
80%	α	0.998	1.009	1.044	0.996	0.991	1.008	0.021
	AR^2	0.997	0.997	0.996	0.996	0.994	0.996	0.0012
	P值	5.98E-168	1.10E-171	5.66E-165	1.96E-159	5.54E-152		
85%	α	0.912	0.917	0.942	0.912	0.896	0.916	0.017
	AR^2	0.998	0.999	0.999	0.997	0.995	0.998	0.0017
	P值	3.58E-184	7.65E-191	1.94E-197	1.38E-174	9.90E-156		
90%	α	0.830	0.836	0.851	0.833	0.822	0.834	0.011
	AR^2	0.995	0.995	0.997	0.994	0.993	0.995	0.0015
	P值	4.02E-157	1.25E-153	2.16E-166	3.99E-151	1.81E-145		
95%	α	0.749	0.746	0.757	0.757	0.749	0.752	0.005
	AR^2	0.982	0.981	0.982	0.981	0.982	0.982	0.0005
	P值	1.93E-117	1.39E-116	1.83E-118	6.49E-117	2.89E-118		

分析结果显示：

1. 当 λ 在 50%—95% 的范围内取值时，虽然有些行动者数——地点排名数的双对数数据曲线呈现各种复杂形状，但大部分都可以通过线性回归检验。当 λ 取值不同时，回归分析得到的帕累托指数 α 也不同。在以往的实证研究中有大量案例的数据服从帕累托分布，其中一些案例中的帕累托指数明显偏离 1。本模型为这种现象提供了一种解释——在聚集率取值很宽的范围内，分布数据都可以通过线性回归检验，因此在实证研究中服从帕累托分布的情况以很高的概率出现，而这些案例中之所以帕累托指数不同，是因为城市化进程处于不同的阶段。

2. 当 λ=80% 时，帕累托指数最接近 1，对应齐普夫法则成立的情况；而当 λ=85% 时，回归优度最佳。在 λ 取其他值时帕累托指数偏离 1，同时回归优度下降，如图 7-9。回归分析产生的帕累托指数 α 随 λ 的增加单调递减，该定序关系在全部的 5 组数据中无例外成立。

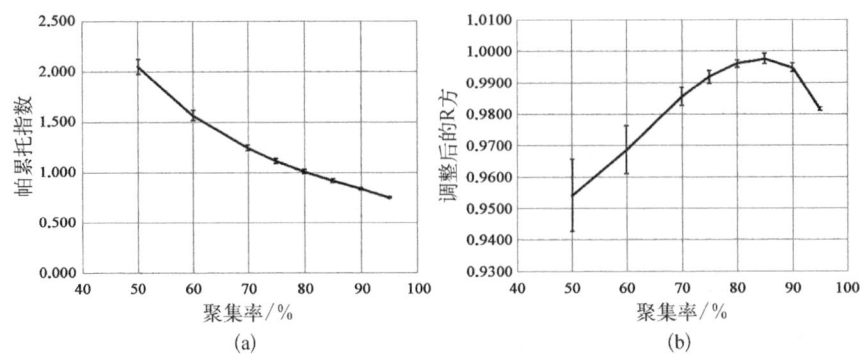

图 7-9　帕累托指数和调整后的 R 方的变化

3. 在实证研究中,当人口——位次双对数数据可以通过线性回归时,其回归直线称为"齐普夫线"。实证研究显示,不同时间的齐普夫线存在标志性的从左向右移动,这种移动不是平行移动,而是伴随着逆时针的旋转(Duran, Ozkan, 2015;胡玉敏,踪家锋,2010;魏守华,孙宁等,2018),本模型仿真的结果与实证研究发现的情况吻合,见图 7-10。在图 7-10 中左侧是摘自参考文献的实证研究结果(魏守华,孙宁等,2018),右侧是本模型的计算实验结果,两者吻合良好。事实上,正是这个现象与基于平行发展的理论直接发生冲突,因为平行发展理论预言回归直线的平行移动。其他的理论也没有对这一现象提供解释。

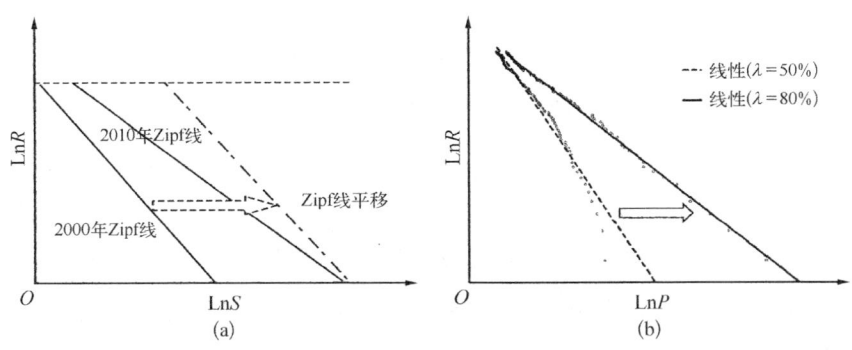

图 7-10　齐普夫线随时间的移动

二、数据分布的非线性特征及其含义

除了齐普夫线的斜率即帕累托指数以外,以往的研究也关注了人口——位次分布曲线不同的弯曲特征,对不同国家的情况进行了比较,见图 7-11(引用自参考文献,Benguigui, Blumenfeld-Lieberthal, 2007b)。

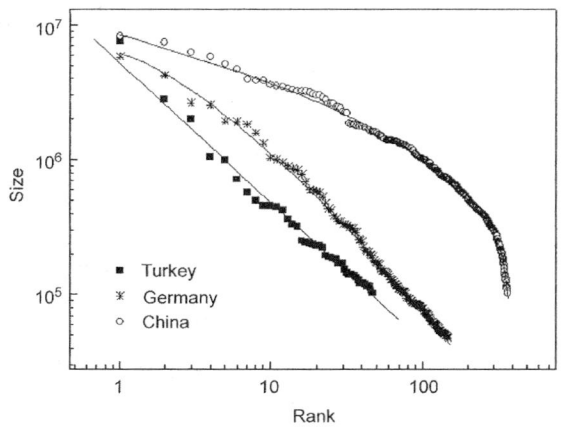

图 7-11　分布曲线不同的弯曲特征

在包括中国为研究对象的很多纵向实证研究案例中,出现了数据曲线随时间演进"被拉直"的过程,见图 7-12(引用自参考文献,Ye,Xie,2012)。分布曲线的弯曲有特定的意义,但此前的研究工作对其演化规律还缺乏较为完整的数学描述。

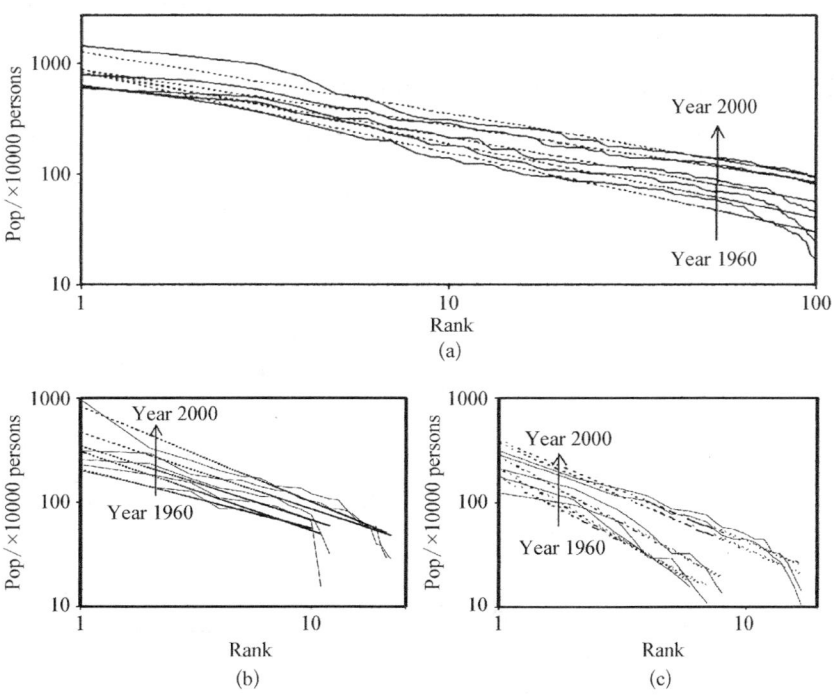

图 7-12　案例中分布曲线随时间的变化

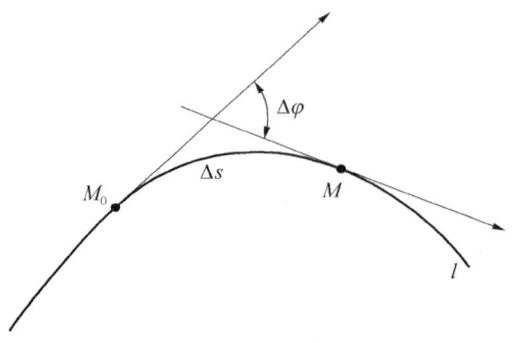

图 7-13 平面曲线的曲率

曲线弯曲的方向分为"上凸"和"下凸"两种,曲线对应方程的二阶导数在上凸点取负值,在下凸点取正值。描述曲线"弯曲程度"的数学概念是"曲率"。一段曲线的平均曲率定义为两端点切线的夹角与这段曲线的弧长之比的绝对值,见图 7-13(欧阳光中,朱学炎等,1983)。

在常用的统计软件中未见对散点曲线直接计算曲率的工具。

本书定义"带符号曲率"κ,曲线上凸时取负值,下凸时取正值,其大小等于曲率值。用下述方法计算模型输出数据的 κ 值:(1)对行动者数——地点排名数的双对数曲线进行二次曲线回归,检验其回归优度;(2)以通过检验的二次回归曲线替代散点数据曲线计算 κ 值,其中计算切线夹角时采用回归曲线在数据最大值、最小值点的切线,计算弧长时采用折线替代法,把 135 个地点数据曲线分为 134 段折线,计算其线段长度之和。

(一) 对计算实验数据进行二次回归分析

对上述 5 次完整计算实验的 40 组数据进行二次曲线回归分析,见图 7-14。全部数据均可通过检验,回归结果见表 7-4。

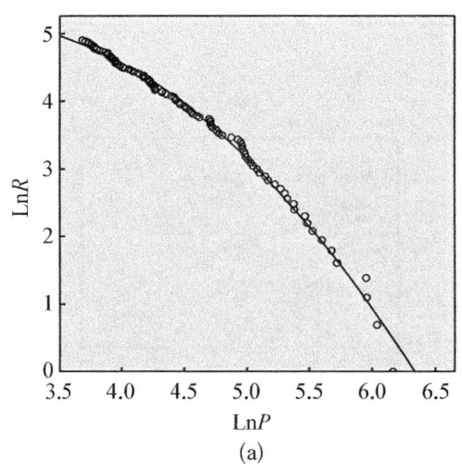

(a)

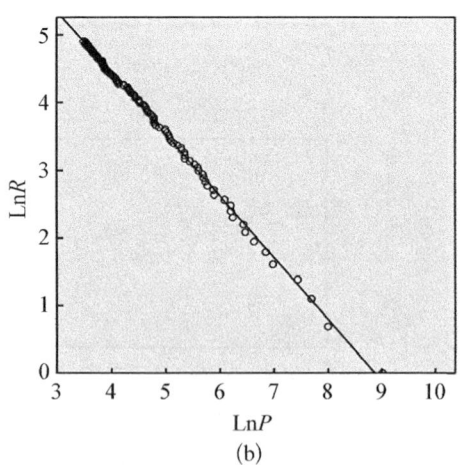

(b)

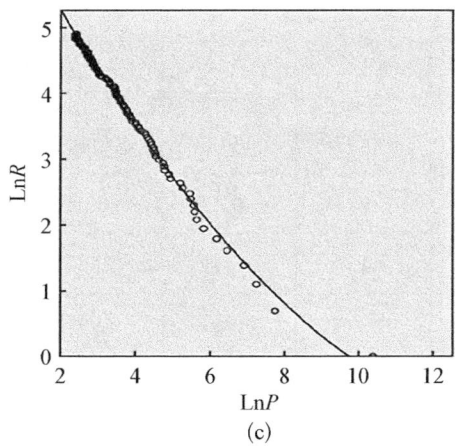

(c)

图 7-14 计算实验数据的二次回归

表 7-4 不同聚集率时的二次回归结果

聚集率 λ	编 号	2-1	2-2	2-3	2-4	2-5
50%	二次项	−0.900	−0.733	−1.098	−0.613	−0.815
	一次项	5.688	4.275	7.212	3.265	5.052
	常数项	−4.056	−1.093	−6.926	0.975	−2.838
	R^2	0.995	0.993	0.995	0.995	0.993
60%	二次项	−0.406	−0.301	−0.470	−0.311	−0.345
	一次项	2.239	1.283	2.765	1.407	1.735
	常数项	2.096	4.247	1.090	3.880	3.159
	R^2	0.994	0.991	0.996	0.995	0.997
70%	二次项	−0.136	−0.121	−0.180	−0.117	−0.145
	一次项	0.146	−0.013	0.536	−0.038	0.243
	常数项	6.231	6.662	5.447	6.644	6.002
	R^2	0.996	0.996	0.995	0.996	0.998

续　表

聚集率λ	编　号	2-1	2-2	2-3	2-4	2-5
75%	二次项	−0.073	−0.062	−0.105	−0.065	−0.085
	一次项	−0.341	−0.474	−0.064	−0.420	−0.225
	常数项	7.160	7.540	6.620	7.333	6.889
	R^2	0.999	0.998	0.997	0.997	0.998
80%	二次项	−0.033	−0.027	−0.041	−0.029	−0.040
	一次项	−0.649	−0.720	−0.608	−0.686	−0.571
	常数项	7.688	7.904	7.743	7.762	7.479
	R^2	0.999	0.998	0.999	0.997	0.997
85%	二次项	−0.001	0.003	−0.006	−0.002	−0.015
	一次项	−0.900	−0.949	−0.880	−0.893	−0.736
	常数项	8.061	8.208	8.145	8.028	7.606
	R^2	0.998	0.999	0.999	0.997	0.996
90%	二次项	0.018	0.023	0.019	0.017	0.008
	一次项	−1.021	−1.078	−1.056	−1.012	−0.908
	常数项	7.974	8.149	8.192	7.957	7.681
	R^2	0.997	0.997	0.998	0.996	0.993
95%	二次项	0.035	0.036	0.038	0.035	0.032
	一次项	−1.095	−1.097	−1.133	−1.103	−1.064
	常数项	7.313	7.311	7.478	7.371	7.270
	R^2	0.996	0.995	0.997	0.995	0.994

（二）计算数据曲线的带符号曲率

按前文所述方法计算二次回归曲线在数据左、右端点的切线所成夹角，用折线替代法计算弧长,两者之比为带符号曲率值 κ,见表 7-5。

表 7-5 分布曲线的带符号曲率

曲率 κ	2-1	2-2	2-3	2-4	2-5	均值	标准差
50%	-0.146 684	-0.118 376	-0.168 373	-0.092 039	-0.126 299	-0.130 354	0.028 897
60%	-0.113 639	-0.084 162	-0.126 300	-0.087 175	-0.094 204	-0.101 096	0.018 170
70%	-0.060 391	-0.053 791	-0.074 340	-0.051 824	-0.062 924	-0.060 654	0.008 911
75%	-0.040 159	-0.033 667	-0.052 245	-0.035 920	-0.045 026	-0.041 404	0.007 452
80%	-0.021 933	-0.017 955	-0.025 189	-0.019 481	-0.026 195	-0.022 151	0.003 549
85%	-0.000 806	0.002 422	-0.004 541	-0.001 599	-0.011 895	-0.003 284	0.005 414
90%	0.017 426	0.022 476	0.017 828	0.016 368	0.007 563	0.016 332	0.005 433
95%	0.041 244	0.042 818	0.044 718	0.040 820	0.037 228	0.041 366	0.002 774

以聚集率 λ 为横坐标,带符号曲率为纵坐标,结果见图 7-15。

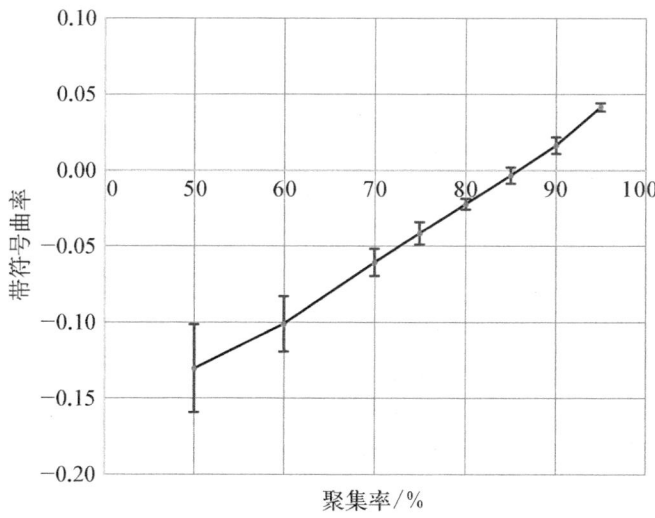

图 7-15 分布曲线曲率的变化过程

模型输出的行动者数——地点位次双对数曲线的非线性特征归纳如下:

(1) 当 $50\% < \lambda < 85\%$ 时,曲线轮廓上凸,带符号曲率 $\kappa < 0$;当 $\lambda \approx 85\%$ 时,双对数曲线最接近直线,斜率 $\alpha \approx 1$,曲率 $\kappa \approx 0$;当 $85\% < \lambda < 95\%$ 时,曲线下凸,带符号曲率 $\kappa > 0$。

(2) 随着聚集率 λ 的增加,带符号曲率 κ 单调递增,该定序关系无反例成立。该特征的含义是:随着行动者的聚集,向上弯曲的数据分布曲线逐渐"被拉直",至 $\lambda \approx 85\%$ 时最接近直线,随着聚集率 λ 的继续增加,曲线变为向下弯曲,并且越来越弯,见图 7-16。

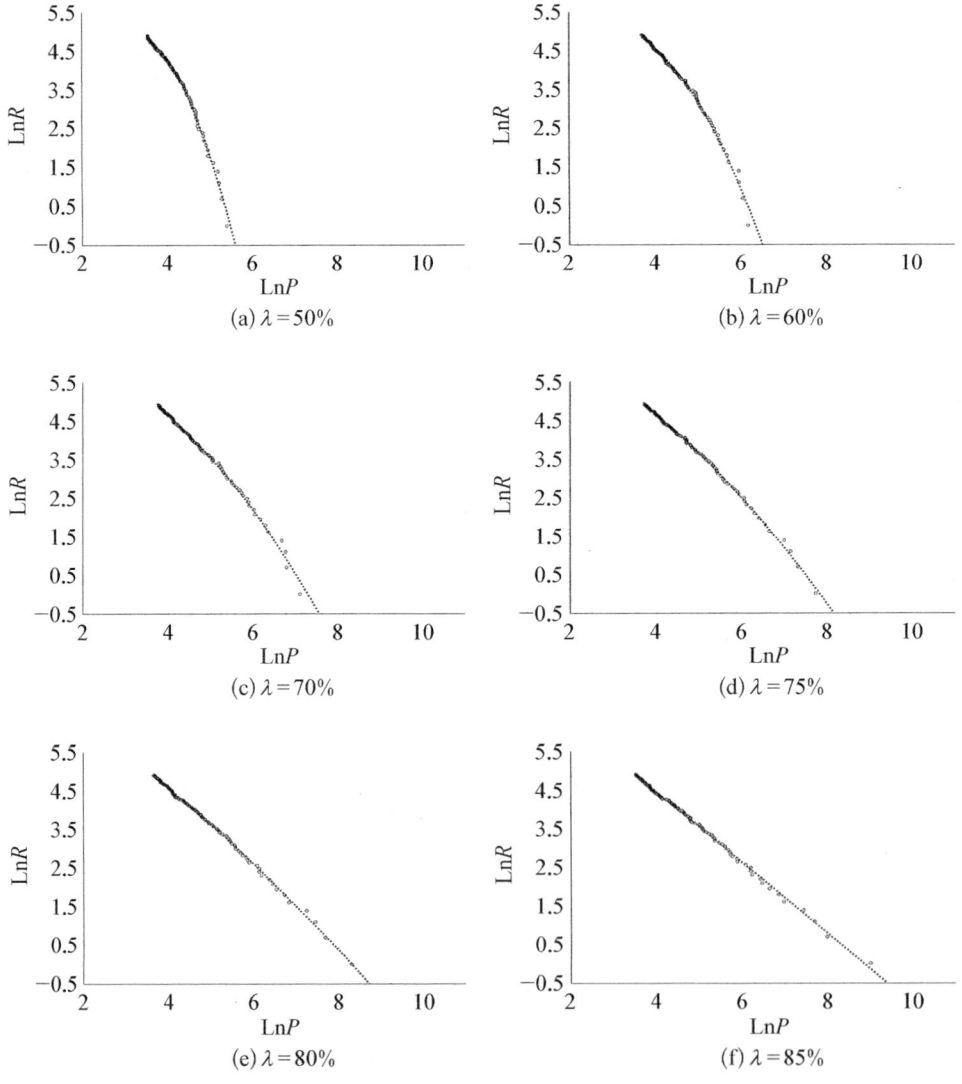

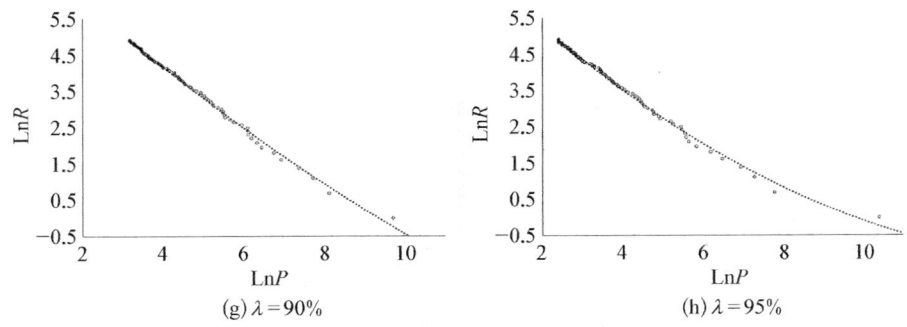

(g) $\lambda=90\%$　　(h) $\lambda=95\%$

图 7-16　模型输出曲线的曲率变化

作为对比，观察实证研究中得到的曲线变化趋势，见图 7-17（引用自参考文献，Luckstead，Devadoss，2014），计算实验结果与经验数据曲线在形态上吻合。

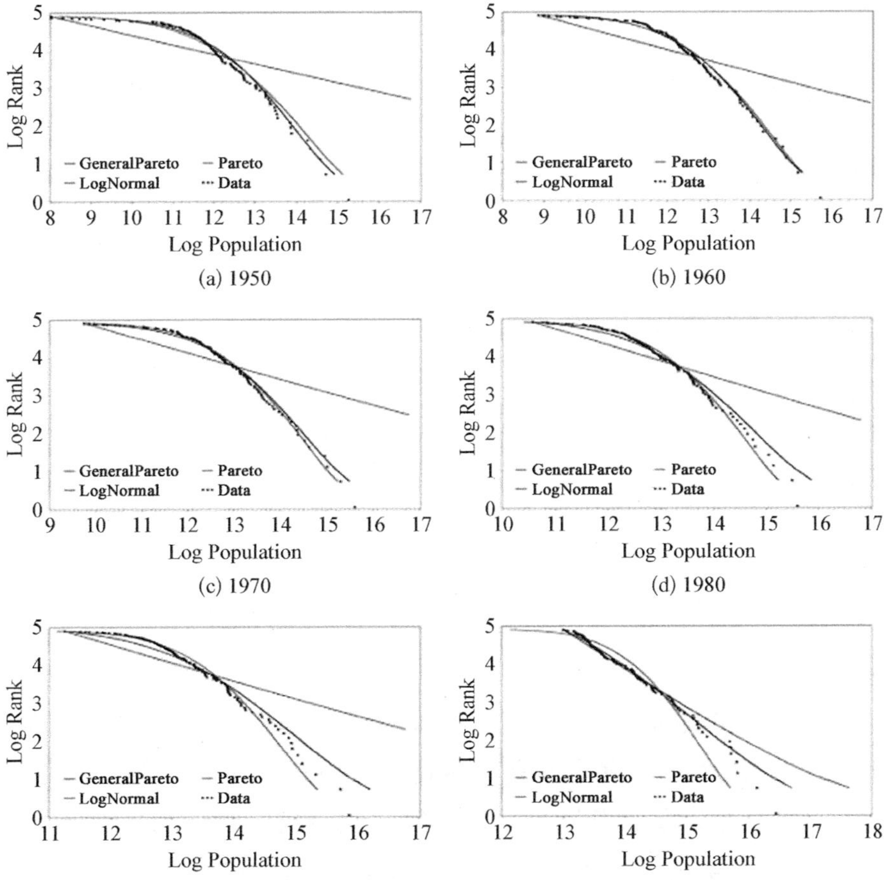

(a) 1950　　(b) 1960

(c) 1970　　(d) 1980

(e) 1990　　(f) 2000

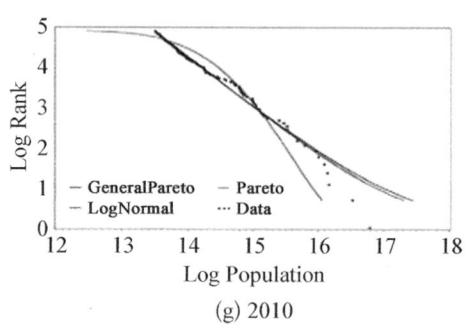

图 7-17 分布曲线随时间的变化

在城市化进程中城市人口——城市位次双对数曲线的凸性和曲率有特定的含义。在城市化的早期，来自乡村的人口供应充足，有移居城市意愿的人可以在大、中、小城市和城镇中选择移居目的地，同时，大城市中的人口还较少，乡村人口的社会网络触及大城市的可能性较小。因此，大量的乡村人口会向城镇和中、小城市移居，造成这些地区人口增长较快，在双对数分布曲线上体现为较大曲率的上凸形状。随着城市化的持续进行，乡村可移居人口减少，同时城镇和中、小城市的人口向更大的城市移居，导致中、小城市和城镇的人口增长相对放缓，大城市发展加快，分布曲线的曲率减小，逐渐接近直线。再进一步演化，城镇从乡村吸纳的人口已经无法补偿人口的流失，这一状况逐级向小城市、中等城市延伸，同时，最大城市的人口仍在增长，因此分布曲线逐渐过渡为下凸形状，且曲率再次增大。因此，分布曲线曲率的变化特征与齐普夫线斜率一样，都是城市化进程的一种度量指标。不过，还有其他的因素会影响分布曲线的形状，将在后文中进一步讨论。

第四节 人口特殊分布形态的再现

关于齐普夫法则的实证研究结果分为三类：第一类齐普夫法则成立，城市系统的人口位次关系服从指数接近 1 的帕累托分布；第二类帕累托分布成立但帕累托分布的指数偏离 1，计算实验对这两种情况都给出了可能的原因；第三类实证研究结果，即数据不服从帕累托分布的情况。

对帕累托分布不成立的情况，已往的研究建议了一些非线性回归的方法，试图较为准确地拟合各种曲线形状。一种比较常见的做法是在回归方程中引入二次项（魏守华，孙宁等，2018），或对曲线的两段分别采用帕累托分布和对数正态分布来进行拟合（Reed，2002）。此外还有一种思路是采用参数可调的经验方程作为拟合工具，例如，Benguigui 等研究者提供了一个含参数的数学公式，当参数的取值不同时，该公式对应直线或者不同的光滑曲线，于是可以对更多的实际分布数据提供回归分析的工具。他们同时主张，可以在除去离群个案的情况下使用公式，或是在实际分布曲线存在断点或明显的折线形态时采用分段回归（Benguigui，Blumenfeld-Lieberthal，2007a；Benguigui，Blumenfeld-Lieberthal，2007b）。

实际上，对于一个由 N 对数据组成的样本集，总是可以使用更高次的多项式回归来提高回归优度，但这样做未必有助于解释社会现象或提高预测的准确率，除非采用的回归函数受到理论的支撑。本书从另一种角度来说明模型对第三类情况的适用性，即很多第三类个案的城市人口分布状态属于本模型的输出集。轮廓比较光滑的上凸曲线或下凸曲线在每次计算实验中基本上都会出现，在文献中出现的较为复杂的曲线也在形态上与本模型计算实验的一些结果非常相似。

图 7-18 的左边是 2000 年印度尼西亚城市位次与城市人口的关系曲线，该文献作者主张在断点的两边进行分段回归（Benguigui，Blumenfeld-

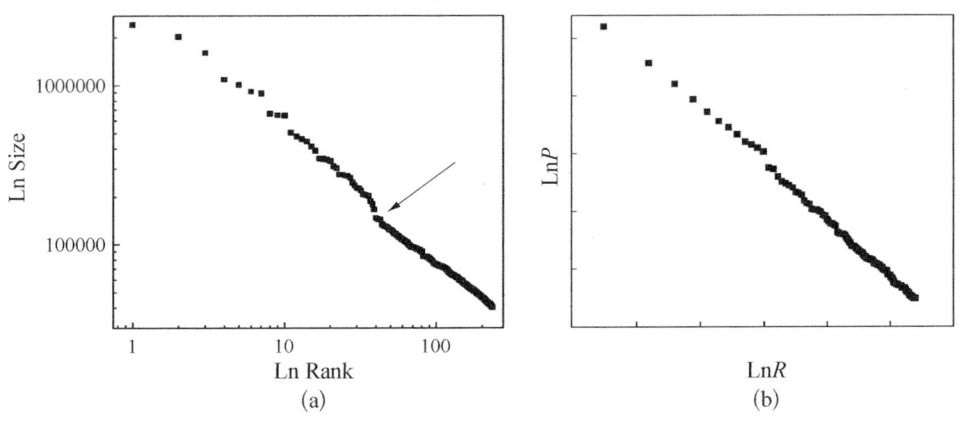

图 7-18　分布断点情况的形态比较

Lieberthal，2007a）。右边是本模型在一次计算实验中呈现的相同意义的仿真曲线。断点的出现在计算实验中十分寻常，换言之，本模型预言这样的分布曲线形态会在实际的城市系统中出现。

图 7-19 的左边是罗马尼亚的城市分布曲线，其中曲线出现了双拐点的情况，因此研究者主张排除离群数据，然后用含有分数指数的函数拟合（Benguigui, Blumenfeld-Lieberthal, 2007a）。曲线双拐点的情况的确比较少，但仍然属于本模型的输出状态集合，如图 7-19 右边所示。

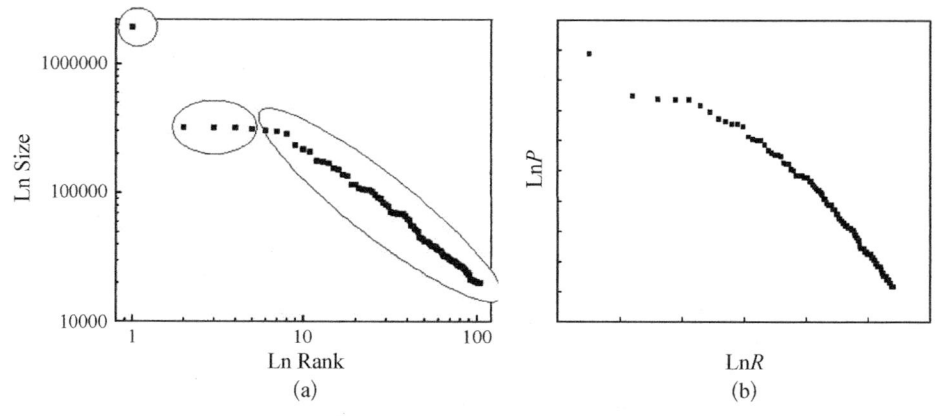

图 7-19 双拐点情况的形态比较

图 7-20 左边示出的是美国 1990 年的城市数据（Black, Henderson, 2003），一个三拐点的例子，它不是一个符合齐普夫法则的好的案例，但与本模型的一个输出曲线十分相似，见图 7-20 右边。

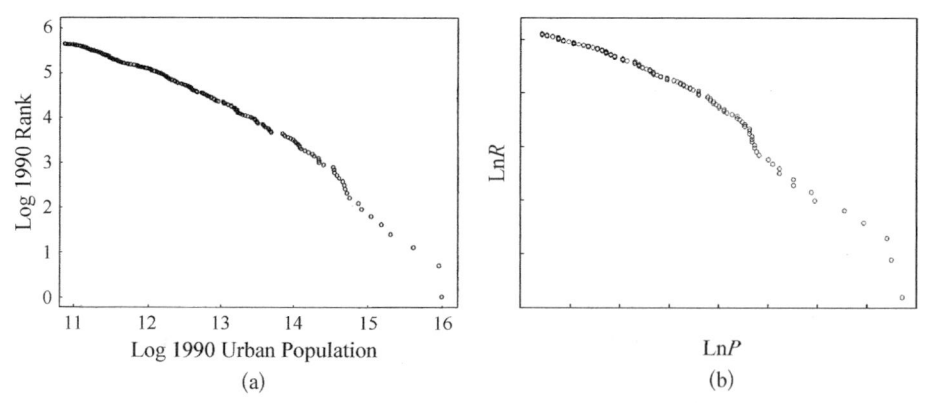

图 7-20 三拐点案例的形态比较

第五节　城市位次更替现象的再现

城市人口规模按比例增长的假说预言,城市按人口规模排序得到的位次不会反复变化。这一点与 Batty 的实证研究结果不相符。Batty 以实证数据为基础图示了城市位次反复变化的现象,如图 7-21(根据参考文献修改),其中每条曲线代表一个城市的发展轨迹,离圆心的距离代表位次,在表盘上的位置则代表不同的时间,顺时针为正方向。从图中可以看到城市位次反复交替的现象(Batty,2006)。

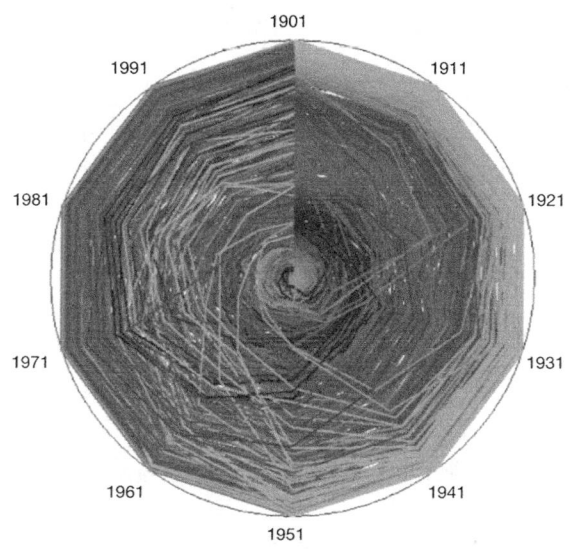

图 7-21　实证数据反映的城市位次变化

本书采用相似的方法,以计算实验中 15 个"城市"的"人口规模"排序随时间的变化过程作图。如果城市人口规模按相同的比例发展,图中应该显示平行线,如果各城市按照彼此不同的固定比例发展,则任何两个城市之间的位次更替至多发生一次。

图 7-22 显示,在计算实验中城市位次反复交替变更,与实证数据所反映的情况相符。

也有实证研究的结果显示了不同城市以大致相同的增长率平行发展的

图 7-22　计算实验显示的城市位次变化

情况(Eeckhout, 2004)。对此本书认为，人类城市系统的演变是一个漫长的过程，其中不乏一些城市平行发展的阶段。在这样的阶段取得的实证数据会支持平行发展理论，但从更长期的角度来看，城市人口规模排序的反复交替才是更加本质的现象。

第六节　本章回顾

1. 模型成功再现了城市系统人口分布的齐普夫法则现象，证明了模型理论假设的充分性。

2. 模型预言帕累托指数随时间单调递减，齐普夫线右移，符合实证检验。

3. 模型预言人口分布曲线的带符号曲率随时间单调递增，曲线由上凸逐渐变为接近直线，继而下凸，符合实证检验。

4. 模型预言城市系统中城市的位次会频繁更替，符合实证检验。

5. 在模型随时间演化的过程中，出现了大量与实际案例中人口分布曲线非常相似的形态，其中包括不符合帕累托分布的各种特殊形态。

第八章
理论和模型检验

第一节 模型的可靠性分析

本研究的计算机模型中采用了一系列的计算参数,参数分为两类:第一类参数是建立模型所必需的,但参数值的选择具有较强的任意性,可将其称为"功能性参数"。模型的计算实验结果对这类参数的变化应该有较强的鲁棒性,否则计算实验结果与实证现象的吻合就有可能仅仅是一种特殊情况下的巧合。功能性参数主要包括模型设定的地点数、人群数和模型每运行周期的行动者激活率等。第二类参数可将其称为"原理性参数",理论上可以影响实验结果,选择上也具有一定的任意性,即没有足够的实证数据支撑。模型的计算实验结果可以受到原理性参数的影响,但幅度应在一定的范围之内,如果原理性参数的选择对实验结果形成实质性的影响,则说明模型所对应的理论的适用范围受到限制。原理性参数主要包括人群链接数。

一、地点数

在基准参数设定中,地点数取值为 160 801。以基准参数为出发点,保持其他参数不变,分别将地点数调整为 40 401、90 601、251 001、361 201 进行计算实验,在基准时刻即聚集率 $\lambda=80\%$ 时记录数据并进行回归分析,相应的结果见表 8-1。可以看出,在一定的范围内设置模型的地点数参数不会对计算实验结果造成大的影响,在基准时刻的数据线性回归优度仍然良好,帕累托指数接近 1。

表 8-1 地点数参数的影响

计算实验编号	地点数取值	帕累托指数（回归系数）	P 值检验	调整后的 R 方	样本数
3-1	40 401	1.023	1.27E-179	0.998	135
3-2	40 401	1.029	1.07E-180	0.998	135
3-3	40 401	1.012	1.63E-186	0.998	135
3-4	40 401	1.014	8.52E-177	0.998	135
3-5	40 401	1.013	5.06E-191	0.999	135
均值		**1.018**			
标准差		0.007 46			
4-1	90 601	0.981	1.30E-184	0.998	135
4-2	90 601	1.021	7.93E-185	0.998	135
4-3	90 601	1.020	2.45E-187	0.998	135
4-4	90 601	0.970	4.97E-164	0.996	135
4-5	90 601	1.005	2.51E-156	0.995	135
均值		**0.999**			
标准差		0.023 05			
5-1	251 001	1.033	3.91E-168	0.998	135
5-2	251 001	1.025	3.58E-167	0.997	135
5-3	251 001	1.040	2.05E-165	0.996	135
5-4	251 001	1.041	7.18E-176	0.998	135
5-5	251 001	1.028	8.71E-195	0.999	135
均值		**1.033**			
标准差		0.007 09			

续 表

计算实验编号	地点数取值	帕累托指数（回归系数）	P值检验	调整后的R方	样本数
6-1	361 201	1.036	9.66E-170	0.997	135
6-2	361 201	1.015	2.53E-152	0.994	135
6-3	361 201	1.039	9.46E-166	0.997	135
6-4	361 201	1.057	8.21E-163	0.996	135
6-5	361 201	1.026	4.38E-164	0.996	135
均值		1.035			
标准差		0.015 66			

二、人群数

在基准参数设定中，人群数取值为50 000。以基准参数为出发点，保持其他参数不变，分别将人群数调整为30 000、40 000、60 000进行计算实验，在基准时刻即聚集率$\lambda=80\%$时记录数据并进行回归分析，相应的结果见表8-2。可以看出，在一定的范围内设置模型的人群数参数不会对计算实验结果造成大的影响，在基准时刻的数据线性回归优度仍然良好，帕累托指数接近1。

表8-2 人群数参数的影响

计算实验编号	人群数取值	帕累托指数（回归系数）	P值检验	调整后的R方	样本数
7-1	30 000	1.071	2.63E-169	0.997	135
7-2	30 000	1.083	4.56E-160	0.996	135
7-3	30 000	1.042	6.35E-155	0.995	135
7-4	30 000	1.032	3.85E-167	0.997	135
7-5	30 000	1.029	2.44E-140	0.992	135

续 表

计算实验编号	人群数取值	帕累托指数（回归系数）	P值检验	调整后的R方	样本数
均值		**1.051**			
标准差		0.024 23			
8-1	40 000	1.040	1.04E-166	0.997	135
8-2	40 000	1.034	1.47E-147	0.994	135
8-3	40 000	1.015	7.97E-155	0.995	135
8-4	40 000	1.044	8.31E-172	0.997	135
8-5	40 000	1.016	2.65E-169	0.997	135
均值		**1.030**			
标准差		0.013 54			
9-1	60 000	1.022	2.14E-171	0.997	135
9-2	60 000	0.991	2.13E-172	0.997	135
9-3	60 000	1.007	4.88E-156	0.995	135
9-4	60 000	1.005	2.72E-180	0.998	135
9-5	60 000	1.003	6.98E-177	0.998	135
均值		**1.006**			
标准差		0.011 08			

三、激活率

激活率是模型每个计算周期中参与行动的行动者占总行动者的百分比。这个参数设置过低则模型运行速度过慢，一次计算实验耗时太长，设置过高则意味着大量的行动者同时行动，可能影响模型输出的稳定性。在现实社会中，个体的行动是并行的，是根据社会环境的当时状况做出的选择，个体的行动会影响社会环境，新的行动决策则以变化后的社会环境为依据。类似地，在计算实验中，如果激活率设置过高，则意味着在"社会环境"更新之前新的行动已经开始,即新的行动是依据旧的"社会环境"做出的选择,与现实不符。因此,有必要对激活率参数选择的合理性进行评估。

在其他参数不变的情况下,将基准参数中的激活率从1%分别调整为0.5%和2%进行试验,结果见表8-3。从表中数据可以看出,激活率在1%左右的其他选择不对实验结果造成大的影响,基准参数中的激活率取值适当。

表8-3 激活率参数的影响

计算实验编号	激活率	帕累托指数(回归系数)	P值检验	调整后的R方	样本数
10-1	0.5%	1.003	1.02E-181	0.998	135
10-2	0.5%	1.003	6.98E-177	0.998	135
10-3	0.5%	1.038	3.97E-175	0.997	135
10-4	0.5%	1.002	5.71E-166	0.997	135
10-5	0.5%	1.023	4.14E-193	0.999	135
均值		**1.014**			
标准差		0.016 15			
11-1	2%	1.024	7.34E-175	0.997	135
11-2	2%	1.039	3.04E-177	0.998	135
11-3	2%	1.012	5.53E-170	0.997	135
11-4	2%	1.009	8.17E-193	0.999	135
11-5	2%	0.976	6.75E-176	0.998	135
均值		**1.021**			
标准差		0.013 64			

四、人群初始分布

在基准参数设置中,行动者的初始分布被假定为在全部行动空间中的随机分布,其意义是任何一个人群在空间中的取位与其他人群无关。研究人群在相互影响之下的汇聚行为时,这是一个合理的假定,即从人群相互无影响的状态出发进入相互有影响的状态。并且,本模型研究的是一个动态过程,在模型运行的每一个时刻,行动者的分布已经偏离了最初的随机分布,此时继续运行,相当于以另一个初始分布开始运行。这等同于模型的结果已经经历了大量不同初始分布的检验,无需再进行单独检验。

综上所述,在对功能性参数进行鲁棒性检验的全部 45 个计算实验中,参数调整造成的帕累托指数与基准参数下实验所得帕累托指数均值的差异很小,在占比 86.7% 的绝大多数,即 39 个实验中差异值小于 3%,最大差异为 7%,模型对功能性参数的鲁棒性良好。

第二节 社会网络规模的影响

行动者之间的链接数对于计算机模型而言是一个原理性参数,对于社会过程模型而言,代表社会网络的规模。在基准参数设置中,每个行动者与其他行动者之间的链接数取值为 0—30 之间的随机整数,这个取值具有任意性。在模型中人群链接数与人群城际迁移的信念形成有关,链接数越大,迁移概率越高。在本模型中,人群链接数的下限是 0,即人群之间没有任何关联。在这种情况下,人群当然不会汇聚。链接数的上限是所有的人群之间都有链接。定性地看,链接数越大,人群汇聚越快,因此链接数应该对模型的输出有影响。为研究这一影响,实验测试链接数的几个不同取值:(1) 从基准参数的基础上减半;(2) 从基准参数的基础上加倍;(3) 链接数取上限值,即任意两个行动者之间均存在链接。回归分析结果见表 8-4。

表 8-4 链接数参数的影响

计算实验编号	链接数	帕累托指数（回归系数）	P 值检验	调整后的 R 方	样本数
12-1	0-15 随机	1.057	7.72E-141	0.992	135
12-2	0-15 随机	0.999	1.68E-125	0.986	135

续　表

计算实验编号	链接数	帕累托指数（回归系数）	P 值检验	调整后的 R 方	样本数
12-3	0-15 随机	1.022	4.02E-131	0.989	135
12-4	0-15 随机	1.065	2.67E-131	0.989	135
12-5	0-15 随机	1.043	7.60E-140	0.992	135
均值		**1.037**			
标准差		0.026 87			
13-1	0-60 随机	0.996	3.48E-163	0.996	135
13-2	0-60 随机	0.990	4.84E-166	0.997	135
13-3	0-60 随机	0.981	3.45E-177	0.998	135
13-4	0-60 随机	0.987	1.94E-158	0.996	135
13-5	0-60 随机	1.019	8.75E-156	0.995	135
均值		**0.995**			
标准差		0.014 67			
14-1	全链接	1.037	6.48E-107	0.973	135
14-2	全链接	1.076	3.75E-97	0.963	135
14-3	全链接	1.048	1.41E-100	0.967	135
14-4	全链接	1.032	9.33E-104	0.970	135
14-5	全链接	1.022	1.44E-108	0.975	135
均值		**1.043**			
标准差		0.020 69			

一方面，链接数的变化不影响数据通过回归检验，对回归系数不产生大的影响。在 15 个计算实验中，帕累托指数差异小于 3% 的占比为 66.7%，最大差值为 7%，说明基准参数值的选择不失一般性。但另一方面，链接数的不同取值对双对数曲线的形态造成了影响。最大链接数为 15 时，基准时刻的曲线上凸；最大链接数为 30 时，接近直线；最大链接数为 60 或全链接

时,曲线下凸,代表最大城市的数据点离群,见图 8-1,其中代表最大城市的数据点在水平轴上。比较图 7-3 与图 8-1 可见,在影响曲线轮廓方面,较小的链接数等同于在更早的时间点进行数据采集,其含义是:人群借以建立迁移信念的关联程度对分布曲线的曲率等形态要素有一定的影响。这种影响不涉及整个进程中曲线曲率的变化范围,只涉及特定曲率出现时间的早晚。

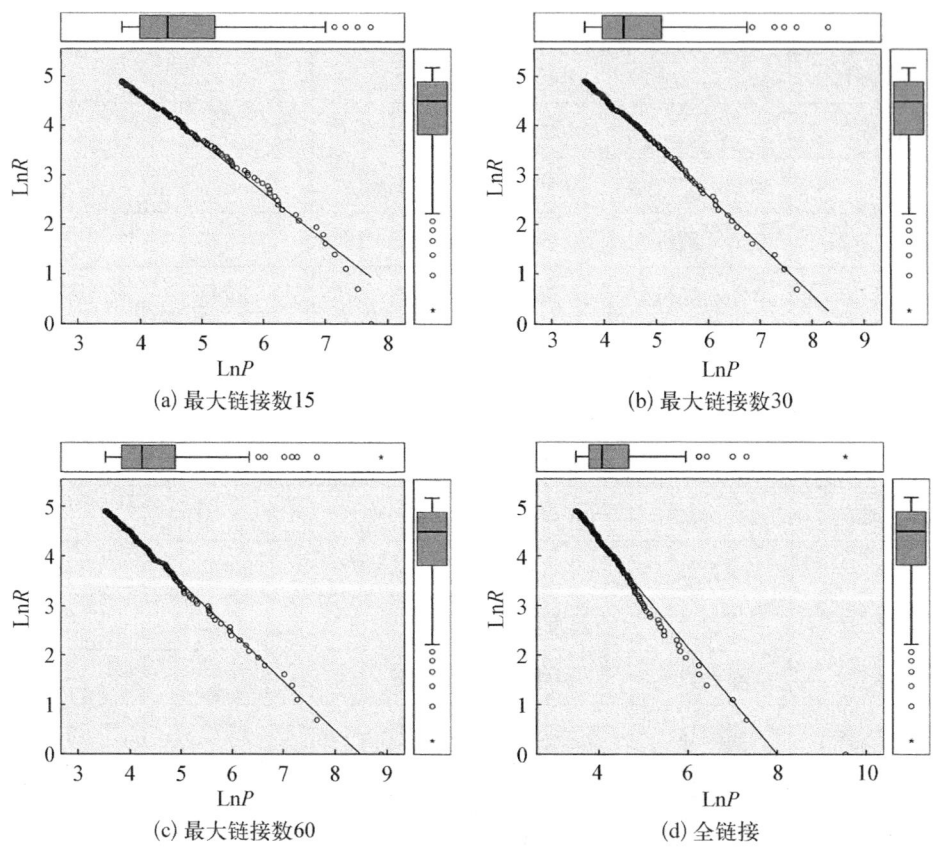

图 8-1　链接数对曲线形态的影响

第三节　不同行动逻辑的宏观后果

行动者的行动规则是模型的核心内容。事实上,通过设定行动者不同的行动规则来观察模型的宏观输出结果,或者说,从宏观的实证现象出发,猜想人群的行动逻辑,然后用模型的输出作为检验,这恰恰是本研究作为一项分析社会学研究的方法特征。因此,不同的行动规则应该导致不同的宏观结果,从而判断哪些猜想是可取的,哪些是不可取的。

一、脱离社会网络的迁移行动

在本模型的基准设置中,行动者迁移信念的建立依赖于其与更大城市的行动者之间的社会网络,而不直接依赖于更大的城市有更高的人均收入这一事实。为了检验这一理论假设的合理性以及模型区分不同微观机制的敏感性,将行动者的行动逻辑调整为依赖于城市的人均收入而非行动者的社会网络,并进行对比实验。在对比实验中行动者的行动逻辑见图8-2,其他条件均采用基准参数。

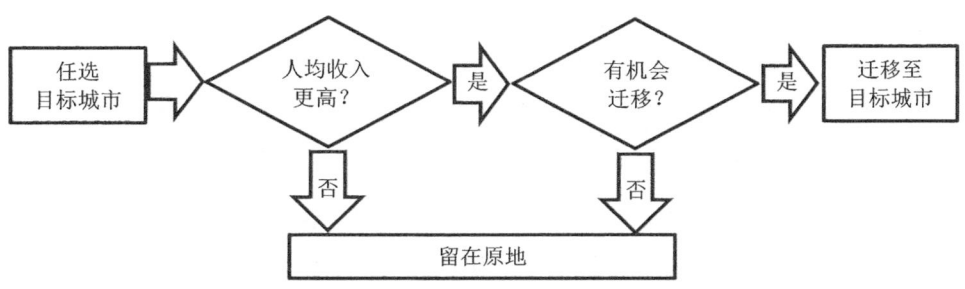

图8-2 脱离社会网络的行动逻辑

对比实验的结果见图8-3。在所有其他条件不变的情况下,仅改变行动者的行动逻辑,使行动者的城际迁移不再依赖于其社会网络所带来的信念,而是直接依赖于目标城市的人均收入优势所带来的信念,这一对比实验的结果与原实验结果有相当大的差别。对比实验所得到的城市人口与城市位次双对数曲线呈现明显的上凸形态,见图8-3(a),而在单对数情况下,即仅对行动者数取对数的情况下,数据呈现很好的直线关系,见图8-3右边。这说明这样的微观行动假设预言城市位次与城市人口数之间呈指数关系而非幂律关系。这一微观个体行动假设无法用来解释满足齐普夫法则的人口分布现象,但可以成为一个适当的猜想去尝试解释人口分布曲线呈显著上凸的实证案例。当然,本模型分辨不同理论假设的敏感性也得到了检验。

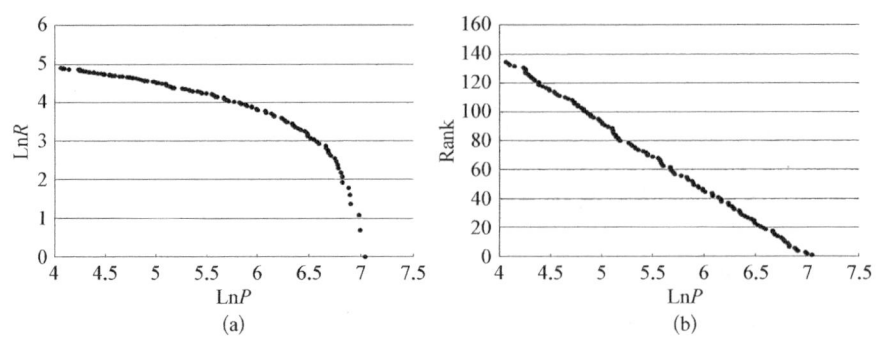

图 8-3 脱离社会网络的迁移行动导致的人口分布

二、无预谋的迁移行动

采用基准设置的计算机模型所反映的社会过程：迁移者怀有通过城际迁移提高收入的愿望，通过社会网络建立信念并确定迁移目的地，在适当的机会到来时实施迁移，这是一种"有预谋"的迁移行为，即当愿望和信念具备之后等待适当机会的出现，而与家庭生命周期有关的机会则等概率出现。另一种值得研究的可能假设是：人口迁移是一种"无预谋"的行为，即在适当的迁移机会出现时，个体任选一位其他个体作为比较对象，如果比较对象的收入更高，则向比较对象所在的城市迁移，反之则放弃迁移机会，留在原地。显然，个体身处的城市越小，随机选取的比较对象收入更高的概率越大。当所有的行动者都采用这一行动逻辑时，总体上导致聚居地人数越少，其中个体迁出的行动发生越多。对基准设置中行动者的行动逻辑进行调整即可对这一假设进行检验。按照图 8-4 调整行动者的行动逻辑后，对身处较小城市的行动者而言，任选的其他行动者有更大的概率身处更大的城市，因此，与基准设置的行动逻辑相比，身处更小城市的行动者有更多的迁移行动。

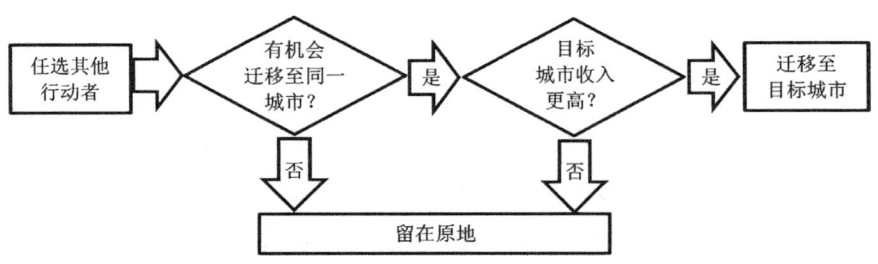

图 8-4 无预谋迁移的行动逻辑

保持其他条件与基准设置相同,按照图 8-4 调整行动者的行动逻辑并进行计算实验,结果见图 8-5。对比实验所得到的城市人口与城市位次双对数曲线在聚集率很宽的范围内呈现明显的上凸形态或不规则形态,不能良好再现帕累托指数接近 1 的幂律分布,计算实验结果否定这一行动逻辑。

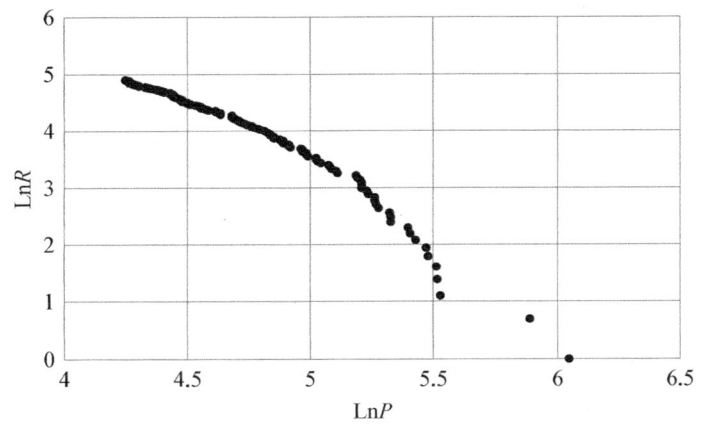

图 8-5　无预谋迁移行动导致的人口分布

联合国于 1974 年利用两期数据递推的方法提出了城市化水平时间路径的"S"形曲线,后被一些学者称为"诺瑟姆曲线"。该曲线的含义是:在不变的城乡人口增长率差条件下,城市化水平时间路径曲线呈现右上倾的"S"形,城市化水平速度曲线为一条倒"U"形正态分布曲线,城市化水平加速度曲线为一条关于与横轴的交点中心对称的"Z"形曲线(李恩平,2014)。

在本模型中,行动者数排名靠前的地点代表城市,"城市"中所含的行动者总数代表城市中的人口规模。可以在计算实验中记录不同时间的"城市人口"在总人口中的占比,从而得到模型仿真的城市化曲线。进一步对数据进行一阶的和二阶的差分计算,可以得到仿真的城市化速度和加速的曲线。

采用图 8-4 的无预谋迁移的行动逻辑进行计算实验,其他实验条件包括:地点数为 160 801 个,行动者数为 50 000 个,人群链接数取 0—30 之间的随机数,激活率为 0.5%,城市数为 135 个。之所以在基准设置的基础上降低激活率,是为了在实验中放慢进程,获得更多的数据点,以便随后通过差分计算获得速度和加速度数据。通过图 8-6、图 8-7 和图 8-8 可以看到一个有趣的现象:无法再现帕累托分布的无预谋行动逻辑所预言的城市人口增长过程与城市化水平的理论曲线在形态方面高度吻合。三张图的左边是城市化进程的理论曲线,右边是一次计算实验的输出。在所有的计算实验个案中曲线的形态非常相似。在三张图右边中,圆点表示模型输出的实测数据,曲线是其移动平均线。在图8-6的城市化曲线中,右边的移动平均线覆盖了全部的数据散点,显示出数据具有很显著的规律性。

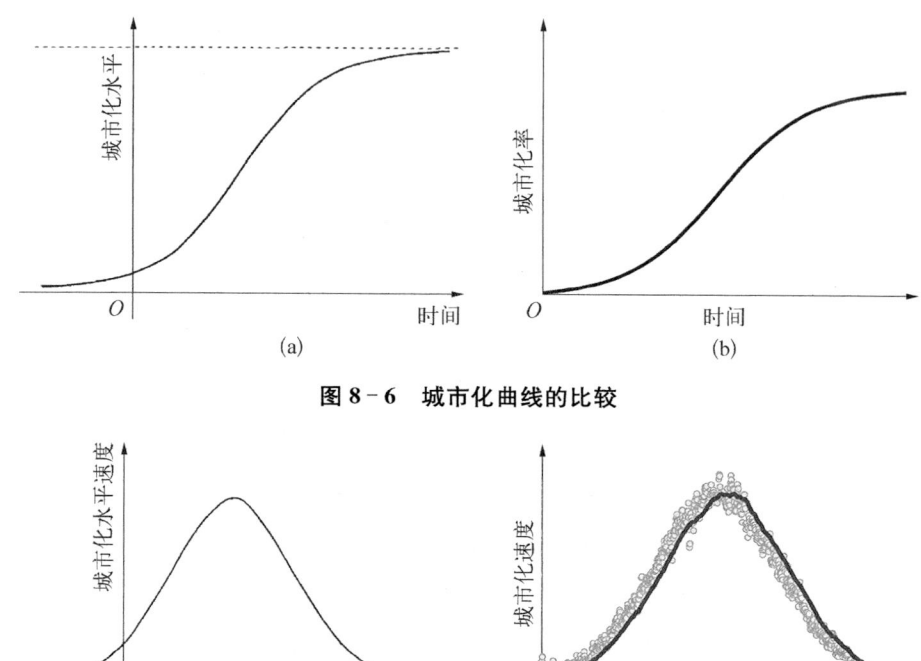

图8-6 城市化曲线的比较

图8-7 城市化速度曲线的比较

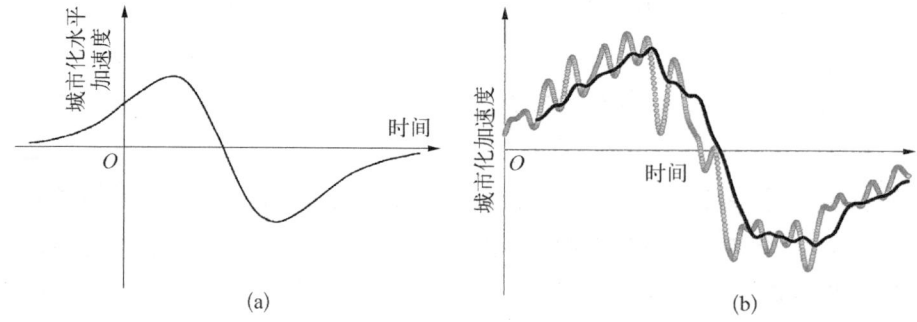

图8-8 城市化加速度曲线的比较

联合国 1974 年提出的城市化曲线的解析式为下式，其中 $X(t)$ 为城市化水平，t 为时间，C、K 均为常数（焦秀琦，1987）。

$$X(t) = \frac{1}{1 + Ce^{-Kt}}$$

将该式变形为：

$$Y(t) = \ln\left(\frac{1}{X(t)} - 1\right) = \ln C - Kt$$

该变形后的等式可用于线性回归。以该式为回归方程，将模型计算实验产生的城市化进程数据进行回归分析，结果见图 8-9。

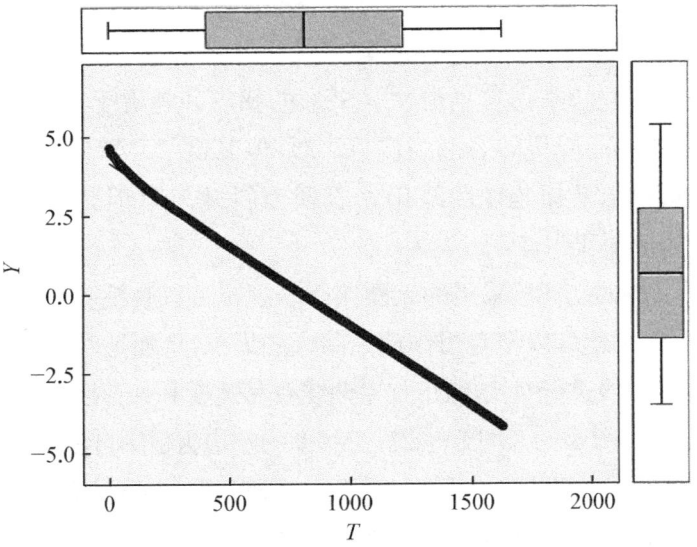

图 8-9　城市化进程曲线回归结果

计算实验重复 5 次，所得结果见表 8-5。在全部 5 次计算实验中，回归分析所得调整后的 R 方均为 0.999，P 值小于 SPSS 软件最高精度数位的位值，拟合优度非常好。这意味着对比实验中假设的无预谋行动逻辑所预言的城市系统中城市化率的时间演进过程与理论模型高度吻合。

表 8-5 城市化进程曲线回归分析结果

计算实验编号	常数项	一次项（回归系数）	P值检验	调整后的R方	数据数
15-1	4.180	−0.005	0.0	0.999	1 628
15-2	4.169	−0.005	0.0	0.999	1 718
15-3	4.176	−0.005	0.0	0.999	1 639
15-4	4.198	−0.005	0.0	0.999	1 627
15-5	4.174	−0.005	0.0	0.999	1 851

但是，实证研究发现，实际的城市化时间路径曲线与1974年的联合国理论曲线存在较大差异，实际的城乡人口增长率差并非常数，而是呈倒"U"形分布（Bocquier，2005）。实际的"城市化水平曲线仍然表现为'S'形，但其'S'形右上倾斜趋势来得更早更快，'S'形的拐点和趋近于1的时间均更早；城市化水平速度曲线仍然表现为倒'U'形，但其倒'U'形明显左偏，并且峰值更高；城市化水平加速度曲线仍然表现为斜'Z'形，但其斜'Z'形也明显左偏，并且峰值更高"（李恩平，2014）。

由于前文中对比实验采用的无预谋行动逻辑可以高精度地拟合城市化过程的理论曲线，因此可以把它当作理论曲线的近似，从而把基准设置产生的实验曲线与理论曲线进行对比，城市化率曲线及其速度和加速度曲线的对比结果显示于图8-10、图8-11、图8-12。三张图的左边为引用自参考文献（李恩平，2014）并经简化的示意图，图中标记为"不变URGD"的曲线为理论曲线，标记为"倒U形URGD"的曲线更接近经验数据，三张图的右侧为模型实验结果，其中城市化水平曲线为实测数据点的连线，速度和加速度曲线为移动平均线，三张图右边的"理论曲线"通过在对比实验中采用的行动逻辑（图8-4）获得，"实验曲线"则由再现了齐普夫法则现象的基准设置中的行动逻辑（图6-6）产生。

对比结果显示，与联合国发布的城市化理论曲线及其速度、加速度曲线相比，本模型基准设置产生的实验结果中，城市化曲线更早出现右上倾，速度曲线明显左偏，峰值更高，加速度曲线明显左偏，峰值更高。换言之，基准设置所获得的实验结果满足实际数据曲线所具有的全部形态特征，从而再

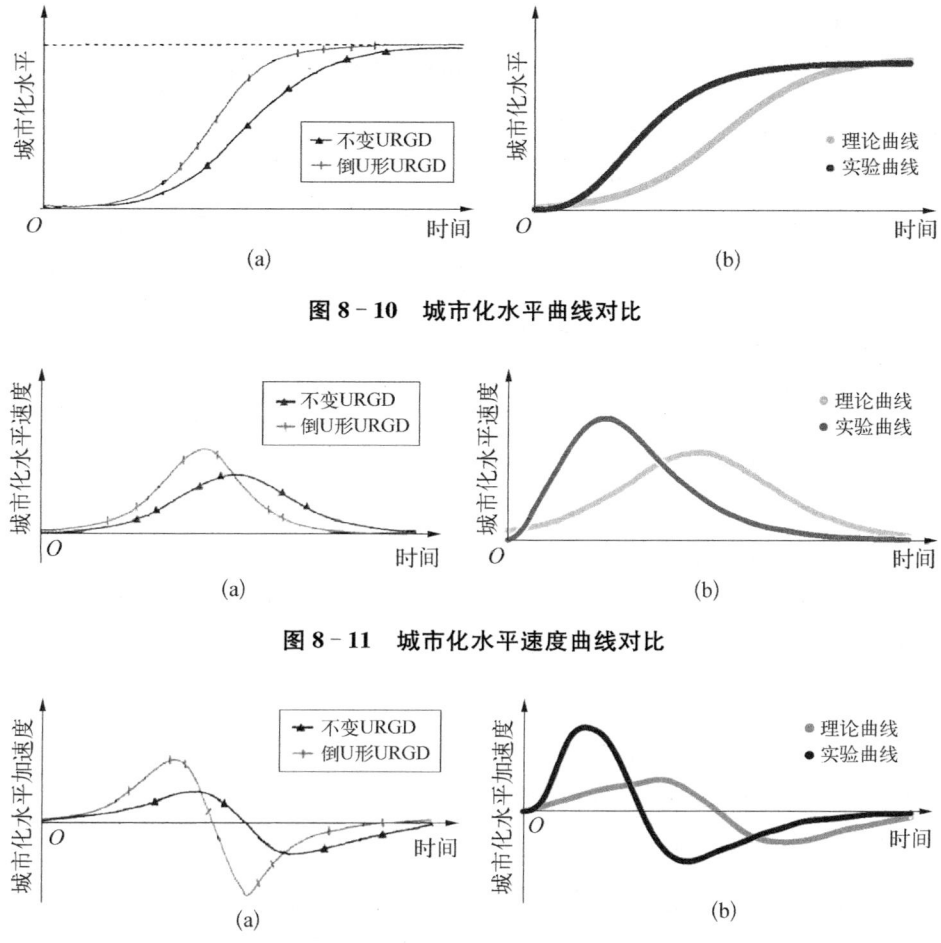

图 8-10　城市化水平曲线对比

图 8-11　城市化水平速度曲线对比

图 8-12　城市化水平加速度曲线对比

次以形态吻合的方式为模型基准设置中行动逻辑的适用性提供了佐证。但由于实证研究获得的曲线不存在对应的显性方程,因此无法对计算实验获得的数据进行回归分析。

第四节　外部环境因素的影响

有大量的实证研究表明,人口迁移行为受到诸多外部环境因素的影响,包括自然、地理、经济、政策、政治、社会等,这些因素通常被作为外生变量纳入分析模型,但在本书提出的关于人口迁移的社会过程模型中并没有包括这些因素,其主要原因与本模型针对的时间尺度有关。影响人口迁移的外部因素可以分为两类:(1) 整体环境因素,即对整个区域中的人口迁移形成总体促进或阻碍的因素,如总体的交通条件、通信条件、户口政策、守土观念等;(2) 局部环境因素,即只影响部分地点的环境因素,如自然地理条件、经济特区、区域产业结构等。

一、整体环境因素的影响

当一个整体因素不加区分地影响所有个体的迁移行动时,表现为行动者以不同的方式来对待"机会"。假设人的整个生命周期中共有一定数量的适当迁移机会,分别对应其家庭的一些关键事件,例如升学、工作、结婚等,如果整体的外部环境因素对其迁移行动产生了影响,则个体迁移机会的数量可能发生变化。举例来说,如果交通条件发生了明显的改善,则原本不是适当机会的家庭关键事件,例如原单位裁员可能变为新的迁移机会;反之,如果外地的购房政策普遍收紧,个体则可能放弃一些原计划的迁移。当这些促进迁移的或阻碍迁移的外部因素对所有个体形成相同的影响时,等同于计算机模型中激活率的变化,即在单位时间中获得机会的行动者占比。

在计算实验中,如果在一定范围内调整激活率参数,会使计算机模型的进程加快或减慢,但是,当聚集率 λ 达到相同的数值时,人口分布曲线总是呈现相同的形态。例如,在对模型可靠性进行分析的计算实验中,如果将每计算周期的行动者激活率降低一半,则需要两倍的时间才能到达 $\lambda=80\%$ 的进程节点,但是,只要到达这一节点,人口分布总是符合齐普夫法则而与激活率无关。

上述分析表明,当各种外部条件对迁移行动产生整体相同的促进或阻碍时,不影响人口在特定进程节点的分布特征,不影响上文的各项结论。

二、局部环境因素的影响

局部环境因素只影响人口向部分城市的迁移。不论从美国"铁锈地带",还是从中国东北地区老工业基地,都可以看到这样的情形,由于产业结构变化等原因,原本的工业文明中心日益失去吸引力,像深圳、硅谷那样的新兴城市或城市群却又日益兴起。其根本原因是失去了或是获得了人口聚集的意义。这样的情况在计算机模型中体现为部分城市人均收入的异速增长指数的变化。在模型中,由异速增长定律所确定的城市收入被弱化为定序变量,如果局部环境因素的影响不足以导致城市人均收入排序的变化,则对模型输出结果不产生任何影响,如果足以影响排序,则需由计算实验检验。

采用两种实验进行检验:(1)城市的异速增长指数以 1.2 为均值随机分布,代表不同城市一贯的环境差异,如自然地理条件;(2)在计算实验的半程调整部分城市的异速增长指数,代表产业结构变化或政策变化的影响。

计算实验结果显示出更加频繁的城市位次更替现象,见图 8-13,异速增长指数的变化和人口汇聚过程中的涨落现象共同构成城市位次更替的原因。

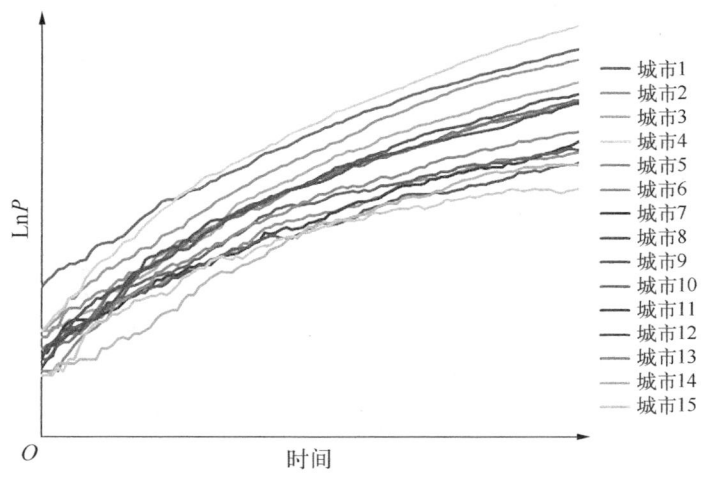

图 8-13　城市位次频繁更替

尽管如此,计算实验结果显示,虽然城市位次存在频繁的变化,其分布曲线仍然以稳定的方式演变,并在与基准实验相同的城市化聚集率条件下呈现满足齐普夫法则的结果,见图 8-14,回归所得帕累托指数为 1.056。

上述分析和实验结果表明,虽然在较短的时间尺度上和较小的空间范围内,外部的自然条件或经济、政治和社会条件对人口迁移与分布有着非常显著的影响,但在人口按齐普夫法则分布等现象上,由于涉及很大的时间和空间跨度,这些因素的影响非常有限,不是现象形成的主要原因。

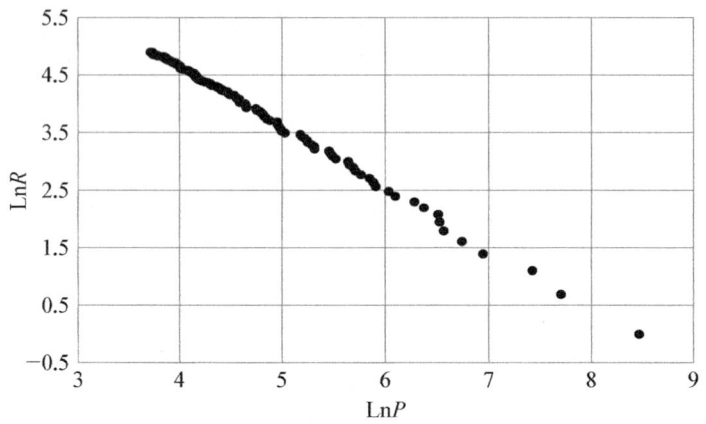

图 8-14　稳定的城际人口分布曲线

三、强烈外部影响的特例

Benguigui 等人的实证研究显示,1990 年中国城市的人口分布与 1991 年印度城市的人口分布形态迥异(Benguigui, Blumenfeld-Lieberthal, 2007a),见图 8-15。

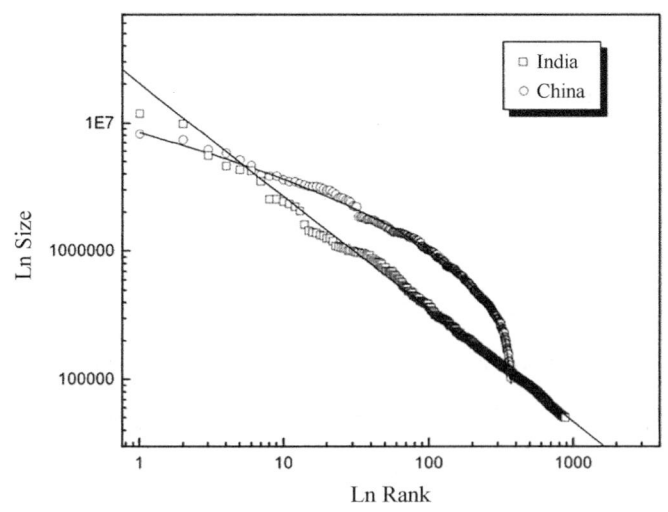

图 8-15　中国与印度的人口分布曲线

在 1990 年前后,印度的城市人口占比为 25.72% 左右(孙士海,1992),而中国已达到 26.41%(王飞,成春林,2003),但印度的城际人口分布曲线呈现了很好的线性度,相比之下,中国的曲线呈明显的上凸形态。根据本模型的预测,带符号曲率应该随聚集率递增,上凸形态应早于直线形态出现。在这个案例中出现了带符号曲率与城市化率"倒挂"的情况,对这一现象需要进行个别的解释。

中国的城市化进程是比较特殊的。1949 年至 1957 年,中国城镇人口的年均增长率达到 70.6%,城市化水平从 10.6% 增至 15.4%,而在 1958 年至 1978 年的 20 年间,平均增长率只有 26.5%,城市化水平只增至 17.9%,并且经历了"文革"期间的逆城市化。而从 1979 年起至 1997 年,城镇人口年均增长率恢复到 41%,是世界同期平均水平的 2 倍,城市化水平快速增至 29.9%(周一星,曹广忠,1999)。

本书认为,正是在 1979 年前后城市化进程中的突变导致了中国人口城际分布曲线的特殊形态。一般情况下,在城市化进程中城际人口双对数曲线有一个从上凸被逐渐"拉直"的过程。印度接近直线的分布反映出其有向城市迁移愿望的人口已经达到一定的城市化程度,对应聚集率的一个特定值。而在中国,1979 年前移居城市的愿望受到了各种限制,在 1979 年后则被充分释放,等同于在 1979 年之后,大量原本没有向城镇迁移愿望的乡村人口突然产生了迁移愿望[①]。"大量有迁移愿望的人口尚未迁移"恰恰是聚集率很低的状况。从模型的角度看,从 1979 年之后至图 8-15 曲线采集数据的 1990 年,中国的城际人口分布曲线回复到很低聚集率所对应的上凸形态,也就是乡村人口供应充足,迅速涌向城镇,中小城市发展相对迅速的形态。另外,大量的返城人群无须经由本模型通常意义上的社会网络建立迁移信念,他们的城际迁移信念是直接指向城市的,是原本就有的信念的释放。如前文所述,本模型预言指向城市的迁移信念也会导致上凸的人口分布曲线。

第五节 若干其他问题的讨论

一、代际更替问题

人类社会中城市的形成与演化是一个漫长的过程,其中人口的代际更

[①] 参见第八章第五节"无愿望人口的影响"。

替必然发生。在本模型中，没有关于代际更替的显性假设，但实际上隐含了这样的假设：代际更替发生时，人群规模不变，社会网络传承。在现实的代际更替发生时，上一代的社会网络影响下一代的社会网络是与经验相符的。此外，如果假设子代社会网络的具体对象与亲代的不同，但两者在城市系统中的分布相同，则更接近经验，然而这种假设下的计算实验结果将与模型目前的结果无差异。因此本书的假设是合理的。

二、人口自然增长问题

在城市化运动发生的同时，世界人口发生了大幅度的增长，必定对城市人口规模产生影响。在不同的城市体系中或在不同的阶段，人口自然增长率有很大的差异。本模型是一个关于城市人口分布特征的抽象模型，无法采用任何具体地区的人口自然增长数据。本书实际上的隐含假设是：在所有的地点人口自然增长率相同。在研究齐普夫法则问题时，一个城市系统指的是人口可以自由流动的城市群，这些城市的人口自然增长率大体相同是一个可以接受的近似。

设任意两座城市的排名分别为 R_1、R_2，在不计人口增长的情况下人口数分别为 P_1、P_2，则两个数据点的连线在双对数坐标系中的斜率为：

$$k_1 = \frac{\ln R_2 - \ln R_1}{\ln P_2 - \ln P_1}$$

现考虑两城市有相同的人口增长率 m，则在单位时间之后，两城市实际的人口数分别为 $(1+m)P_1$、$(1+m)P_2$，两数据点的实际斜率为：

$$k_2 = \frac{\ln R_2 - \ln R_1}{\ln[(1+m)P_2] - \ln[(1+m)P_1]} = \frac{\ln R_2 - \ln R_1}{\ln P_2 - \ln P_1} = k_1$$

即采用含人口自然增长的数据替换不含人口自然增长的数据之后，虽截距改变但斜率不变，整个曲线平移，因此有关斜率即帕累托指数的结论和有关曲线形态的结论依然成立。

三、无愿望人口的影响

根据本书的理论假设，人口的城际迁移依赖于愿望、信念和机会，只有在三者同时具备时，个体才会实施城际迁移。在本书人口城际迁移的研究案例中，个体"愿望"的含义是"我希望通过城际迁移来改善生活"，"信念"的含义是"将要实施的迁移行动可以改善生活"，而"机会"与家庭生命周期有关，对不同个体是均等的。在现实社会中，有很多生活在乡村的人口并没有本书意义上的迁移的愿望。例如在中国，很多人有很强的守土观念，在很长的时期内有大量的乡村人口并没有向城市迁移的打算。但是在上文的基准设置中，全部个体都具有向更大城市迁移的愿望，这是一个与现实经验有一定差异的假设，需要进行讨论。

现假定在一个城市系统中有一定占比的乡村人口没有向城市迁移的愿望，在本模型中体现为存在一定数量不参与汇聚行动的行动者接近均匀地分布在 16 万个不同地点，其中仅有不足 1% 分布在模型考察的 1500 个"城市"中，仅有不足 0.1% 分布在截点以上的 135 个"大城市"中。上文的全部理论分析和计算实验都不涉及这些留在乡村的人口，只涉及 1500 个"城市"或 135 个"大城市"中的行动者。因此，这些绝大部分存在于"乡村"的行动者将不会对关于 135 个"大城市"中人口城际分布的齐普夫线斜率、带符号曲率等特征造成影响，前文的结果依然成立。但是，这部分行动者的存在将对描述城市化进程的参数聚集率 λ 产生影响。具体来说，λ 表示 1500 个"城市"中行动者数的占比，而这部分无愿望人口的 99% 以上将增加 λ 的分母，因此使前文中所有模型输出产生时的聚集率 λ 变小，使齐普夫线的斜率在 λ 取小于 80% 的某个值时最接近 1，带符号曲率在 λ 取小于 85% 的某个值时最接近 0。正是因为这个原因，本书没有将聚集率 λ 等同于"城市化率"这一指标，因为就一个特定的国家或地区而言，城市化率在一个特定的时间有明确的取值，而聚集率 λ 则表示"处于 1500 个'城市'中的人口在有城际迁移愿望的总人口中的占比"，是很难测量的。这样，虽然本模型预言人口分布曲线的齐普夫线斜率、带符号的曲率等特征量随聚集率 λ 有一个单调变化的过程，但这并不意味着城市化率更高的国家或地区的分布曲线一定先于其他国家或地区的曲线出现新的特征。例如，假如一个发达国家的全部人口都有迁移至大城市的愿望，在城市化率达到 80% 的时候，其城市化进程还不完全充分。而假如另一个发展中国家只有 50% 的人口有向城市迁居的愿望，那么当城市化率达到 45% 的时候，即聚集率达到 45%/

50%=90%的时候,就比这个发达国家的城市化更加彻底。这样,城市化率较低的发展中国家就有可能先于城市化率较高的发达国家出现城市化过程中较晚出现的人口分布曲线特征。例如,模型预言在城市化进程中"单城独大"的形态晚于齐普夫法则成立的形态出现,但由于无愿望人口的影响,单城独大的形态却可能在发展中国家先于发达国家出现。Berry 的实证研究证实了这一现象,这项研究把城际人口分布分为"截尾的对数正态分布"和"首城独大"两种类型,其实证研究结果显示,一个国家或地区的城际人口分布类型与其经济发达程度或城市化水平无关(Berry,1961)。

第六节 本章回顾

1. 模型对地点数、人群数、激活率、人群初始分布等功能性参数表现出较强的鲁棒性,模型的适用性得以验证。

2. 原理性参数链接数对数据能否通过回归分析以及帕累托指数影响很小,但对人口分布曲线的形态有一定的影响。

3. 行动者不同的行动逻辑假设显著影响人口分布曲线形态,证明了模型理论假设的必要性。

4. 模型所预言的城市化水平时间路径曲线及其速度曲线和加速度曲线均与实证数据曲线形态吻合,进一步验证了模型的适用性。

5. 城市系统的外部因素对人口分布曲线的影响很小。

第九章
案例研究结论和总结

第一节 研 究 结 论

通过前文一系列的计算实验,本研究得出下列主要结论。

1. 在城市化进程中,一个城市系统的人口在经济力量的驱动下从乡村向城镇或城市迁移,从城市向更大的城市迁移,由此形成一条动态的双对数坐标下的城市人口——城市位次曲线,该曲线的形态随着城市化进程而变,主要表现在齐普夫线斜率的单调递减和带符号曲率的单调递增。

2. 人口在不同城市中的迁移是人群的自组织行为,其中个体的行为是理性的和"有预谋"的。影响在特定时间点城际人口分布曲线形态特征的有下列主要因素。

(1) 个体的行动逻辑。

个体是否实施城际迁移行动取决于愿望、信念、机会三个条件,其中信念的建立是通过其社会网络完成的。个体以其信念为基础进行迁移决策。个体的行动逻辑是城际人口分布曲线的决定性因素。

(2) 社会网络的总体状况。

个体之间总体的关联程度对城际人口分布曲线有着一定的影响。这种影响主要表现在:在城市化进程中,城际人口分布曲线的带符号曲率随聚集率的增加递增,从而随城市化率的增加递增(模型中的聚集率与现实中的城市化率正相关）。在城市化率相同的情况下，个体间更发达的社会网络，即更广泛的关联，可以导致更大的带符号曲率。个体间关联的广泛程度不影响齐普夫线的斜率。这意味着在不同城市体系中不同的社会网络状况下都可以观察到符合齐普夫法则的城际人口分布曲线。

（3）有城际迁移愿望的人口在全部人口中的占比。

无城际迁移愿望的人口不影响城际人口分布曲线的形态变化过程，但影响各种形态与现实的城市化率之间的关系，也就是影响各种形态出现的早晚。

3. 在全部人口都怀有城际迁移愿望的情况下，当聚集率 $\lambda \approx 80\%$ 时，城际人口双对数分布曲线的齐普夫线斜率最接近1；当聚集率 $\lambda \approx 85\%$ 时，城际人口双对数分布曲线最接近直线，即城际人口分布最接近帕累托分布。

4. 在不同的实证研究中，因研究对象城市化程度的不同，会观察到人口分布的各种情况：服从齐普夫法则的，服从帕累托分布的，不服从帕累托分布的，等等。服从齐普夫法则的情况之所以出现频率很高，正是因为在城市化率一个较宽的范围内城市人口分布数据都可以通过线性回归，而在可以通过线性回归的范围内，当齐普夫线斜率接近1的时候，分布曲线的曲率最接近0，曲线的线性度最佳。

5. 在一部分乡村人口不怀有城际迁移愿望的情况下，城际人口分布曲线在聚集率 λ 更小的取值时达到齐普夫线斜率最接近1以及自身最接近直线的状态。达到这些状态时聚集率 λ 的具体取值依赖于怀有城际迁移愿望的人口在总人口中的占比。

6. 来自自然、经济、政治和社会的外部因素不是帕累托分布等现象形成的主要原因，也不对这些现象形成显著影响。

本书的模型研究揭示了一个有些令人感到意外的"巧合"，即当城际人口分布曲线"最直"的时候（$\lambda \approx 85\%$），几乎也正是其回归直线斜率最接近1的时候（$\lambda \approx 80\%$）。这一巧合是人口汇聚的内在机制导致的。正是这个巧合最初引起了笔者对齐普夫法则现象的兴趣，也正是这个巧合使得符合齐普夫法则的大量研究以很大的概率出现。

第二节　案例研究总结

在涉及人口城际分布以及齐普夫法则的工作中有较大的一部分是实证研究，主要是以不同城市体系的数据检验齐普夫法则，分析经济、地理、交通等因素对人口分布的影响，对有关政策提出建议。这些研究在宏观变量之间建立联系，但都无法解释齐普夫法则的形成。

以国外的理论方面的研究为主，出现了几种不同的数理模型，以微分方程和统计学为主要工具来分析何种前提可以导致符合齐普夫法则现象的出现、何种方式的回归分析能有更好的拟合优度等，或提出能够描述各种人口分布特征的经验公式。采用计算机模型的研究则通常视现实中的人口分布现象为一种系统的均衡状态，通过计算实验来摸索模型收敛于帕累托分布所需要的"引力"或者"阻力"等难以赋予现实含义的影响因素。出于目的和兴趣的不同，这些研究工作较少涉及社会学领域。

针对城市系统中不同城市人口有规律分布的现象，本书提出了一个基于个体行动的理论和计算机模型，其主要理论假设均与已有理论和研究发现吻合，其中的个体行动要素源于分析社会学理论框架；计算机模型以一组非常简单的个体行动假设为逻辑起点，以计算机模型为演绎工具，演绎推导出一系列宏观社会现象。模型的解释逻辑见图9-1。

首先，模型定量地解释了符合齐普夫法则的现象何以出现，指出了其出现条件。其次，模型定性地解释了指数不为1的帕累托分布现象何以出现，指出了其出现原因。另外，模型从实证研究所得分布曲线与计算实验所得分布曲线形态相似的角度诠释了背离帕累托分布的现象，这是一种"定形"的解释。

模型预言了多项其他的宏观现象并与实证数据吻合。此外，通过计算实验，理论假设的充分性、必要性和适用性均得到了检验。模型从"关联—干预—反事实"的意义上（珀尔，2019）确认了微观个体行动与宏观社会现象之间的因果关系，提供了这些宏观社会现象的形成机制。

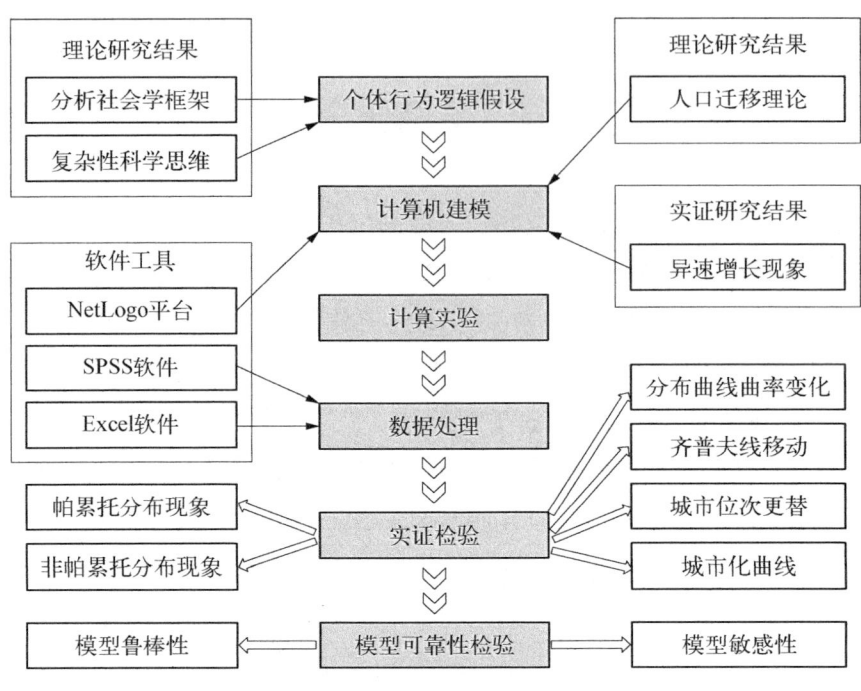

图 9-1 模型的解释逻辑

分析篇

第十章
分析社会学有关问题的讨论

前文针对城际人口分布的齐普夫法则等现象提供了一个解释,也构成了运用分析社会学的方法解释现象的一个实例。本章将结合这一实例讨论分析社会学的有关问题,包括其可行性、局限性、一般步骤和具体方法等。

第一节 世界的随机本质

从18世纪开始,拉普拉斯(Pierre Simon Laplace)的宇宙观得到了经典力学和相对论的强化,直到20世纪才受到挑战。拉普拉斯认为:宇宙当前的一切都由过去的状态所决定,而未来的一切都被现在的状态所决定,并且一切事物的运行轨道都是可以推算的。

20世纪初,在揭示微观世界规律的努力中,所有基于决定论的假说都归于失败,经过了长时间的质疑和论战,含有随机性的量子理论最终胜出。量子理论意味着世界本质上是随机的。好在,量子力学的基本方程是线性的,微观世界的随机性并不会以很大的幅度传导到宏观物质世界,在绝大多数宏观尺度自然现象的研究中都无须考虑量子随机效应,在可接受的误差范围内,这些宏观尺度的科学理论仍然可以建立在严格的因果逻辑之上。

19世纪末,数学家庞加莱(Jules Henri Poincaré)发现了另一种随机性的根源,即确定性混沌现象。庞加莱注意到,在引力作用下的三个星体的运动轨迹"与随机无异"(赵凯华,罗蔚茵,2004)。后来,气象学家洛伦兹(Edward Lorenz)在从事气象预报的工作时发现了蝴蝶效应,即初值敏感性：任意小的初值差异会导致系统任意大的演进后果的差异。

量子理论的随机性与混沌理论的随机性有着本质的不同：量子理论的随机性是本体论的，宇宙万物并不运行在一条确定性的轨道上并走向一个注定的未来；而混沌理论的随机性则是认识论的，即便宇宙万物的确运行在一条确定性的轨道上并走向一个注定的未来，人类也不可能预知这个未来。混沌随机性影响一切非线性复杂系统，而且在日常生活中就会发生，例如，经济学的蛛网理论说明，在供给价格弹性和需求价格弹性的特定组合下，混沌现象时常发生（宋承先，许强，2008）。

分析社会学所主张的社会现象的机制性解释要求理论从微观个体行动出发演绎出宏观社会现象，这种演绎推理的传统工具是关于时间的微分方程。绝大多数微分方程不存在解析解，只能采用数值计算方法来代替。但是，确定性混沌的随机性使数值计算方法存在不可控的误差，导致了非线性复杂系统的一系列复杂特征，对分析社会学方法的可行性形成了挑战。

第二节　社会的复杂性

韦伯指出，作为社会行动的主体，人时而采取目的合理的行动，时而采取价值合理的行动，时而在情感的驱动下行动，时而不假思索地依传统行动（谢立中，2007）。麦金太尔（Alasdair MacIntyre）则认为，涉及人的事物是不可预言的，其不可预言性有四种根源：根本的概念创新的不可预言性及科学之未来的不可预言性、每一个行为者自身未来的某些行为的不可预言性、社会生活的博弈论特征、纯粹的偶然性（麦金太尔，2011）。麦金太尔的论述强调了人类社会不同于自然系统的特有属性。

卢曼（Niklas Luhmann）对社会的复杂性提供了较为完整的论述。卢曼认为社会的复杂性包含三个层面：由主观旨意的不确定性导致的社会复杂性、社会结构层面的复杂性、由功能分化导致的复杂性（秦明瑞，2003）。首先，人的主观旨意是人的行动和人际互动的基础，而不同的人在采取社会行动的时候，其不同的经历、思想、立场、观点、价值取向、目的等势必对其行动的决策带来影响。在进行人际互动的时候，每个人都以对他人旨意的推断作为其行动决策的依据,于是所有人的行动取向都永远处于不确定的状态,其行动选择只能是或然性的。其次,在社会结构的层面,随着人类社会的发展,社会分工的不断深化,人的知识、技能不断地专业化,导致了新社会机构的不断产生和已有社会机构的不断分化。这种社会系统的建立以减少复杂性为目的,但同时也增加了人的异质性和机构的异质性,导致了新的复杂性。最后,在古代社会,社会分化的主要形式是上层、中层、下层的纵向分化;而在现代社会,横向的功能分化程度越来越高,形成了相互作用的子系统,增加了社会的复杂程度。

20世纪兴起的复杂性科学对社会的复杂性也有相似的认识。复杂性科学的观点认为社会系统复杂性的根源在于:(1)人是高智能性和自适应性的自主主体,是理性与非理性的矛盾统一体,其智能性与适应性使人类社会与生物系统形成了基本的区别,也成为社会复杂性的第一个根源。(2)同时存在的系统输入所导致的系统输出不等同于不同的输入单独存在时系统的输出之和,这种现象标志着社会系统是非线性的,这种非线性机制是导致社会复杂性的第二个根源。(3)社会的开放性是社会复杂性的又一个根源,在人们试图理解自然系统的时候,通常可以将研究对象进行隔离,而社会系统无时无刻不与外界进行着物质的、能量的和信息的交流,外界的变化不断对社会的演化造成影响。(4)当一个系统的层次结构较为简单的时候,可能导致一个宏观现象的原因十分有限,但随着系统层次的增加,同一宏观结果可以由大量不同的原因所导致,宏观事物的性质及其运动规律无法简单还原为微观事物的性质和运动规律,系统的行为也不能从其元素的行为准确预测(盛昭瀚,张军等,2009)。

第三节 人口分布问题中的复杂系统特征

社会是一个开放性的复杂系统,具有十分复杂的特征,这种特征在人口迁移和分布的现象中也有充分的表现,例如,微观上个体的迁移有着多种多样的不同目的,宏观上受到自然、经济、政治等多种外部因素的影响。本书的人口迁移社会过程模型是现实的高度抽象和简化,即便如此,模型依然表现出大量的复杂系统特征,若非如此,模型就无法再现所研究的社会现象。

一、微观系统元素的特征

现实世界中人类个体的复杂性无需赘述。在本书建立理论假设的时候,出于探索城际人口分布现象最本质原因的目的,尽可能地简化了系统元素,即行动者的个体特征,力图使之成为可以对社会现象进行解释的最简理想型。然而,模型中的行动者仍然具有复杂系统元素的一些特征。

(一) 个体的异质性

复杂系统中的元素,即个体,往往在个体属性或在系统中所处的位置等方面是彼此不同的。这种个体的异质性是复杂系统无法用简单统计平均的方法来进行描述的重要原因。

最初,模型中的行动者拥有彼此不同的初始位置,并因此拥有不同的"同城邻居"数量和不同的"收入水平",行动者还拥有彼此不同的社会网络。随后,行动者在不同的时间获得迁移的机会,根据其不同的信念做出不同的关于城际迁移的决策,迁往不同的目的地。所有这些个体差异使得不同的行动者拥有完全不同的行动轨迹。最终,有的行动者仍在其最初所处的"乡村",有的则在"首都"生活。

(二) 个体的有限理性

传统的微观经济学方法常常假设"经济人"掌握全局的信息并以全局信息为基础进行行为决策。采用这样的个体抽象不足以理解社会在许多方面的复杂现象。在真实的社会系统中,个体只了解局部的信息,只具有有限的理性,在绝大多数时候在有限的信息支持下做出行动决策,还时常表现出非理性。

本书的模型中没有任何一个行动者拥有关于全局的信息,例如哪个是最大的城市,哪里的收入最高,"我的城市"排名第几,等等。所有的行动者都只能通过其有限的社会网络了解涉及其他城市的信息并依此建立信念,做出行动决策。在一些计算实验中有些行动者没有城际迁移的愿望,尽管迁移可以增加收入。这些都是个体有限理性的表现。

(三) 个体的智能性和适应性

复杂系统中的个体具有一定的智能性,遵循一定的规则,接受环境信息,调整自身状态以适应环境的变化,甚至可以创造新的行动规则。

模型中的行动者可依据当时的环境状况权衡利弊,做出是否迁移的最佳决策。一段时间以后,宏观环境发生了改变,如果原本选择的城市相比之下变得不再"宜居",行动者会重新做出选择,实施迁移。这种依据当时情况做出最佳决策的智能性行为和根据环境变化做出重新决策的适应性行为始终持续。

二、元素间相互作用的特征

大部分成熟的科学理论都是针对简单系统或线性系统的。简单系统由较少的层次和元素组成。线性系统虽然可以由大量元素组成,但系统元素是同质化的,因此采用统计平均的方法就足以描述其整体状态。线性系统的基本特征是叠加原理成立,即当对系统施加多项影响时,其总效果等于单独施加各项影响时的效果之和。在线性系统中,如果外界的影响存在不确定性,只要知道这个不确定性的范围,就可以知道其后果不确定性的限度。

复杂系统元素之间所存在的非线性相互作用则使系统在整体上不满足叠加原理,其动态行为一般不能用解析方法处理,常需采用几何方法进行定性分析,用计算机进行数值计算求其近似解(李士勇,2006)。本书模型中的行动者之间有两种不同的相互作用。

1. 任何一个行动者自身的存在会使其同城邻居,即其他的行动者增加收入。行动者对其他行动者的这一影响是非线性的,在强假设条件下,同城行动者所分享的总收入与城市人口数成 1.2 次幂关系,弱假设条件下同城行动者越多,每个行动者的收入越高,是一个定序关系,两种情况都不满足线性系统的叠加原理。反之,如果假设城市人口数与城市总收入呈现等比例关系,行动者就不会聚集,"城市"也就不能出现。

2. 行动者通过其社会网络受到其他行动者的影响从而建立涉及城际迁移的信念。这种影响是二值化的,即要么"迁移",要么"不迁移",这种相互作用当然也是非线性的。

此外,行动者之间的相互作用也非常广泛。在基准条件下的计算实验中,5 万个行动者之中任何两个之间都可能发生相互作用,而行动者之间社会网络的链接总数高达 75 万个。

可见,模型系统中存在大量的个体元素,元素之间广泛存在大量的非线性相互作用。

三、系统宏观表现的特征

复杂非线性系统有许多线性系统所没有的现象,包括:长期远离均衡态、多重均衡、锁定、分岔、突变、初值敏感性、路径依赖、级联效应等(陆同兴,张季谦,2010)。本书的模型在宏观上也具有许多非线性复杂系统的特征。

(一)自组织现象

模型中行动者的城际迁移行动没有受到任何来自上层指令的集中控制,它们在不同地点之间的迁移完全是在环境约束下自主决策的结果。反过来看,任何一个行动者的任何一次行动都对影响所有行动者未来行动的环境产生影响,因为每一个行动者的迁移都会影响其出发地和目的地所有行动者的收入,继而影响所有行动者的未来行动决策。这是自组织系统的典型特征。

普利高津的耗散结构理论指出,产生自组织现象的一个必要条件是系统的不均匀性,这种不均匀性来自系统微观状态的"涨落"。在本书的模型中,如果初始条件是行动者在行动空间中严格均匀地分布,那么就没有任何城市的人均收入高于其他城市,在随后的时间里也就不会有任何行动者实施迁移。因此,模型系统的初始条件是行动者在行动空间中"接近均匀的随机分布",从而提供了自组织现象所必需的涨落因素。

(二)初值敏感性

初值敏感性又称"蝴蝶效应",即在非线性系统中,随着时间的演进,原本任意小的初始状态的差异都可能导致任意大的后果差异。或者说,一个局部的小的涨落或小的事件有可能演化成很大的事件或全局性的不同。

在本书模型演化的过程中,常常出现人口规模相同或十分相近的多个城镇。这时,一个来自乡村的人群可以随机地迁入其中的任何一个。这一个人群的迁入会使这个接收人群的城镇产生相对于其他城镇的人均收入优势,并通过这一优势不断吸引更多的人群,其中有些人群来自原本人口规模相同的其他城镇……最终,这个城镇可能成为一个巨大的城市,而其他的城镇则衰退为乡村。这是系统的初值敏感性,而最初的迁移人群就是那只引发飓风的"蝴蝶"。

(三) 多重均衡性

存在均衡状态的非线性系统可以拥有不止一个均衡点,系统经过演化可能陷入任何一个均衡点,从此无法逃逸。这正如斯宾塞(Herbert Spencer)曾提出的:"在社会科学中,因果概念并不一定只产生单一的结果,而可能会产生多种潜在的结果"(夏尔·亨利·屈安,弗朗索瓦·格雷勒和洛南·埃尔武埃,2021),这一现象在本模型中得到了充分的体现。

本书模型演化的极限状态是单一的巨大城市和零散的乡村,这是一种非线性系统相对简单的不动点吸引子的情形。不过,模型行动空间中的16万个地点都有可能成为最终的巨大城市。这样,系统至少有16万个不同的均衡状态,这是模型系统的多重均衡性。

(四) 路径依赖性

存在多重均衡的系统,其演进的方向以及最终进入哪个均衡点与系统最初进入的路径有关,而系统最初进入的路径往往取决于微小的、随机的甚至不可测量的因素。路径依赖性意味着系统虽然在理论上有很多可能的发展方向,但一旦进入最初的轨道,大量的可能结果即被排除。

在模型系统演进过程中,存在着大量的城市位次更替,但是,一旦系统进入极化发展阶段,就只有一个城市的人口会继续增长,发展轨迹就不可逆转,这个城市注定成为最终的那个唯一的巨大城市,而其他16万个可能的均衡状态也就没可能达到了。这就是系统的路径依赖性。

所有上述的系统特征能够充分地反映出,模拟了人群迁移过程的计算机模型构成了一个非线性复杂系统。

第四节 建立机制性解释理论的障碍

科学研究的一般方法是假设演绎法,研究者需要在猜想的引导下进行观察和测量,同时以猜想为前提演绎出预言,并随后比较预言与实际现象的吻合程度。而且,预言与经验的吻合必须重复发生,换言之,科学实验应该是可重复的。但对于社会系统而言,其复杂系统特征使这个研究过程变得格外困难。

一、简单机制下的系统复杂行为

在非线性系统中,非常简单的机制即可使系统表现出十分复杂的行为。庞加莱所研究的三体问题只涉及两个简单的牛顿定律方程。

$$F = G \frac{Mm}{R^2}$$

$$F = ma$$

但即便如此,三个天体组成的系统仍表现出非常复杂的行为。图10-1是简化版三体问题的示意图。图中的曲线是在两个大质量天体的引力场中宇宙尘埃的运动轨迹。这一轨迹杂乱无章,很难看出其中的规律性。如果研究者需要从系统的行为去推断其背后的机制,难度可想而知。

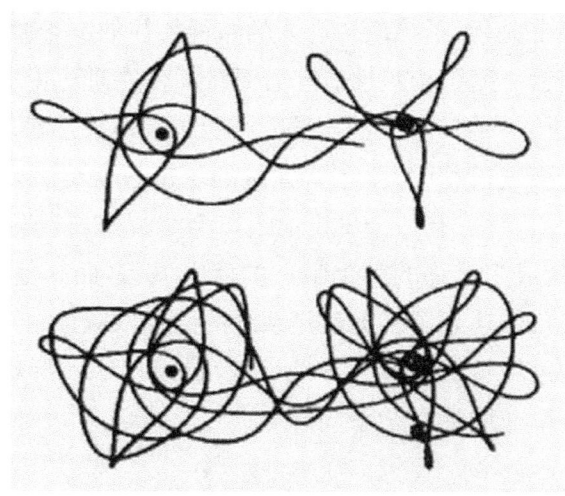

图 10-1　引力场中宇宙尘埃的运动轨迹

本书模型系统中行动者的行动规则更加简单:选择一个其社会网络触及的更大城市,在适当的机会来临时实施迁移。然而,这样一个简单的规则却可以造成行动者非常复杂的迁移轨迹。在基准设置下,模型中存在5万个行动者,图10-2示出了在两次计算实验中一段时间内其中各10个行动者的迁移轨迹,每条折线代表一个行动者。轨迹杂乱无章,毫无规律可循,表现出完全随机的特征。如果在研究人口迁移行为时进行微观个体层面的观察,见到的就是这样的现象。

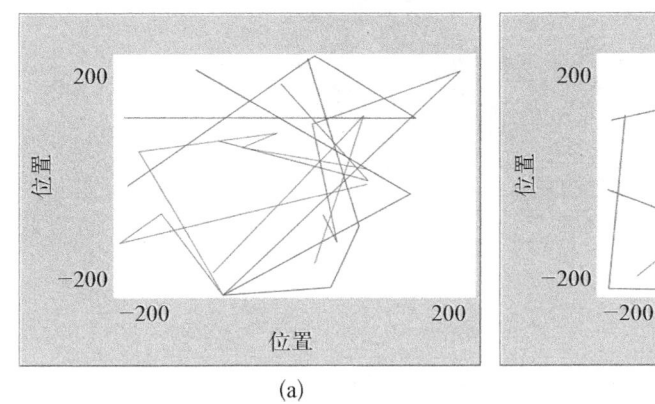
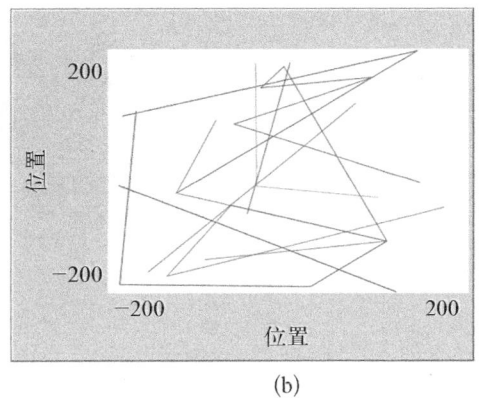

图 10-2　模型中行动者的迁移轨迹

二、大时空跨度造成的观察片面性

复杂系统往往在微观尺度上表现出随机性,只有在宏观尺度上才呈现一定的规律性。社会系统的演化往往跨越很大的时间和空间尺度,相对于这个尺度而言,观察者常常没有机会进行充分的观察。于是,即便系统最终的均衡状态是相对简单的,观察者也只能看到系统走向均衡态的纷繁过程的片段。举例来说,洛伦兹方程组包括描述大气流动的一组常微分方程,其中只有 $X(t)$、$Y(t)$、$Z(t)$ 三个变量,形式也不十分复杂,见下式。

$$\begin{cases} \dfrac{\mathrm{d}x}{\mathrm{d}t} = -\sigma x + \sigma y \\ \dfrac{\mathrm{d}y}{\mathrm{d}t} = rx - y - xz \\ \dfrac{\mathrm{d}z}{\mathrm{d}t} = -bz + xy \end{cases}$$

洛伦兹系统的空间轨迹见图 10-3。

假如某一组有关社会现象的状态量满足同样的简单动力机制,而这个机制是未知的,研究工作的任务是揭示这个机制,这样就要求观察者从对社会

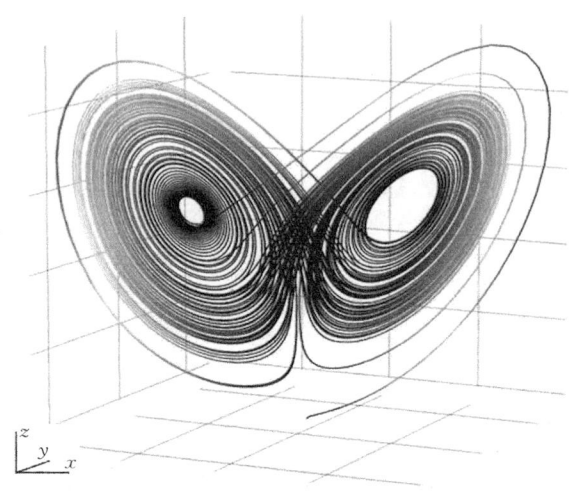

图 10-3　洛伦兹系统的空间轨迹

现象,即从图 10-3 的观察入手,去发现洛伦兹方程组。当研究的对象是社会的时候,系统的整个演化过程涉及巨大的时空跨度,而人类观察者受到生命长度和学科史本身长度的限制,只能观察到系统轨迹的片段,如图 10-4 所示。仅凭这个轨迹片段所提供的信息去推断洛伦兹方程组几乎是不可能的。

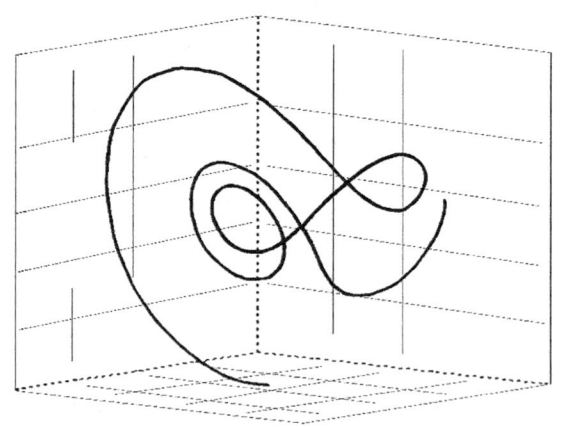

图 10-4　洛伦兹系统空间轨迹片段

三、社会实验方法的局限性

在自然科学领域,研究者可以通过精心设计的实验较方便地控制变量,阻断与实验目的无关的相互作用。这些研究工作的规范方法可以把研究对象的复杂程度控制在较低的水平。相比之下，社会学家则无此幸运。

借助于真实社会实验建立机制性社会学理论的努力同样会在很多方面遇到障碍。第一，社会学的研究对象不是个体，而是群体，而社会现象产生的根源恰恰是群体中个体之间的互动。如果在社会实验中阻断群体中广泛存在的互动，也就无法复现社会现象，这意味着在理论上就不能通过受控实验的方法将复杂系统充分化简。第二，机制性解释理论的起点不可避免地涉及个体的主观心理因素，而对这些因素很难如对自然量那样精确地进行定义和测量。第三，社会实验的实验对象——人，不可避免地受到复杂心理因素的影响，例如霍桑效应，导致实验所展示的现象未必在真实的世界中发生（巴比，2009）。第四，社会实验方法只适用于较小规模的研究对象，无法揭示大规模群体的现象，实验结果并不具有普遍意义。第五，社会实验方法只适用于短时间现象的研究，在很多时候较短的时间不足以使因果链得以显现（仇立平，2008）。

正是这些原因使得社会学中更普遍采用的方法是定量的调查研究、定性的实地研究以及非介入性的文献研究等。而这些研究方法都并不擅长于揭示因果关系，且不便于如实验那样反复进行。本质上，采用这些社会研究方法，研究者总是观察到社会这个复杂非线性系统中多种机制的共同作用后果，也是各种主体间各种相互作用同时发生所导致的总体后果，而这个后果往往是纷乱的。这样，通过假设演绎法进行科学发现的完整过程就不能完成。正是这种现实构成了建立社会学机制性解释理论的困难。

第五节 建立机制性解释理论的可能途径

分析社会学寻求造成社会现象的背后机制，而社会现象总是复杂的。如果造成一种复杂社会现象的原因也总是很多，发现全部原因的可能性就微乎其微，分析社会学方法也就很难成功。

一、复杂系统行为背后的简单机制

在非线性复杂系统中，简单机制即可造成复杂的系统行为。如果反过来看,一个十分复杂的现象,其背后的影响因素未必是繁多的,作用机制也未必是复杂的。如果一种现象背后的机制是简单的,就更有可能被发现,也就更有可能为这个现象找到一个机制性的解释。

图10-5例示了采用模型方法对动物群体行为的研究。鸟群的飞行有着十分复杂的模式。在计算机模型方法出现之前,描述其中的规律性都是困难的。但现在,采用美国西北大学提供的模拟程序,仅需3条行动规则就可以再现鸟群的飞行特征:(1)靠近同伴;(2)对齐方向;(3)防止碰撞。这个例子提示,寻求复杂社会现象背后的简单机制非常值得尝试。

图10-5 计算机模拟的鸟群飞行特征

在对人口城际分布问题的研究中,已往的各种理论纳入了大量的解释变量,包括:经济发展状况、地理和其他自然条件、交通状况和运输成本、土地面积、经济政策和贸易壁垒、产业结构、市场开放程度、内战、政府开支、政治稳定度、公民自由度、国家规模、地区发达程度等,然而,这些理论中的任何一个都无法解释人口为何形成帕累托分布。相比之下,本书提出的模型对复杂的人口迁移现象提供了一个机制性的解释,这个机制性解释有两个重要特点:

1. 个体按照非常简单的规则行动,而这些行动的宏观后果与经验相符。
2. 排除了大量的外部因素,这些因素不是相关现象出现的必要前提。

本书的研究实例说明,为一个复杂社会现象提供简单的机制性解释是可能的。

二、复杂系统的宏观规律性

本书模型中的个体采用非常简单的迁移规则,但仍然表现出微观尺度上杂乱无章的迁移轨迹;在中观尺度上,城市之间的排名顺序也频繁地更替,几无规律可言(可参见图 7-22 和图 8-13)。但是,无论个体行动者如何迁移、城市如何异序,宏观上城市系统准帕累托分布的规律和其他的演变规律却始终得以保持。模型中的 135 个城市作为一个整体,其人口总量以及总量的增速所形成的相空间轨迹形态极其稳定,每次计算实验所得到的相空间轨迹轮廓几乎相同,见图 10-6。

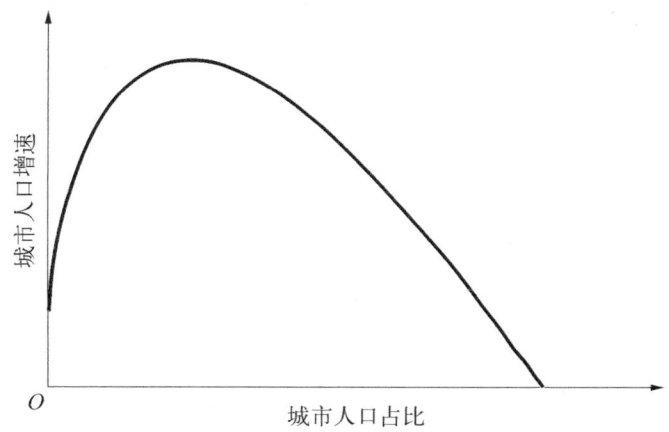

图 10-6　城市人口随时间变化的相轨迹

宏观系统有两种由元素的相互作用导致的整体特征。其中一种整体特征是系统元素的行为简单加总的结果。例如,在一个容器中,气体分子对容器壁的碰撞的总效果就形成气体对容器的压强。在复杂系统中还有一种特有的宏观现象,由个体的相互作用导致,但不是个体特征简单加总即可得到的,即涌现(emergence)现象,也是复杂系统的一个标志性现象(李士勇,2006)。复杂系统的涌现现象有下列特征。

1. 复杂系统涌现性的宏观表现是全局性的宏观序或模式,又称"斑图"(pattern)。斑图指的是系统的状态量在空间或时间上具有的有规律的非均匀的宏观结构,这种结构源于系统微观元素之间的相互作用,由其自组织行为所导致,是一种自发的对称性破缺。太空中螺旋形状的星系、海洋里缠绕旋转的鱼群以及放射状的城市道路系统都是常见的空间斑图的例子。

2. 复杂系统的涌现现象可以由个体在简单的规则下生成,生成的现象具有新颖性。

3. 系统中个体的简单行为可以生成的涌现现象很难从微观行为规则

通过数学演绎得到。涌现现象是大量微观个体之间相互作用的非线性宏观后果,其中含有不同的边界条件和反复迭代所带来的复杂性。面对这种复杂程度,传统的数学方法力不从心,需要通过计算机的迭代模拟才能揭示已经观察到的涌现现象的成因或预测未来可能出现的涌现现象。

4. 宏观的涌现现象具有独特的规律性,并对系统更低的层次存在一种向下的因果效应,即较低层次的过程受到较高层次规律的约束(黄欣荣,2012)。具体到社会学领域,即个体的行动受到已经形成的社会结构的制约。

5. 在涌现现象中存在宏观的稳定性和微观的随机性,系统宏观的模式不变,而其构成元素不停地变化,如水流所形成的驻波,其中的水分子不停地更新,但其轮廓却得以保持(李士勇,2006)。

如同许多复杂系统的表现一样,本书的模型系统中出现了涌现的现象。城市的形成缘于个体的自组织行为,但其人口的分布特征很难从直觉上推断或通过简单的数学推理得到。如果说城市如同水流的驻波,其中的个体就如同水分子;如果说大量城市形成的分布图如同水流的驻波,其中的每个城市又如同水分子。系统在不同的尺度上都表现出这一规律:构成的部分不停地变化,整体的轮廓始终保持。

复杂系统所表现出的随机性并非真正的完全随机,其涌现现象形成与系统机制有关的宏观模式特征,这种特征具有模式稳定性,而这种宏观稳定的模式特征与使其出现的微观机制存在关联,发现这一关联正是分析社会学的目标。

三、针对复杂系统特有的研究方法

数学是人类知识中最为严格的逻辑体系,几乎所有的科学学科都采用数学作为演绎的工具。但是,许多复杂系统的问题不但是反直觉的,而且是数学工具很难胜任的。在处理简单系统或线性系统的问题时,一个或几个方程就可以描写整个系统的状态或过程。但在处理复杂系统的问题时,由于个体存在异质性,相互作用存在非线性,就需要用大量不同的方程和边界条件才能刻画,而在绝大多数情况下,这些方程并没有解析解。这样,理论演绎的工具就变得不足。钱学森等学者主张承认理论不足,采用定量与定性相结合的方法来研究复杂系统(钱学森,2007)。具体来说,研究复杂系统所特有的方法中包括:隐喻的方法、模型的方法等(黄欣荣,2005)。

(一) 隐喻的方法

隐喻(metaphor)最初是指一种语言现象,意思是"用一种事情或经验理解和经历另一种事情或经验"(Lakoff, Johnson, 1980)。霍兰(John Holland)较为系统性地论述了在复杂系统的研究中采用隐喻方法的思想。霍兰从游戏、跳棋、神经网络等概念出发,通过各种简单的规则建立起各种模型,展现了大量的系统涌现结果,其中包括复杂而独特的植物结构、生动的昆虫群体行为等(霍兰,2006)。根据这种思想,针对复杂系统的研究,鉴于传统数学方法的不足,可以首先对高度抽象的模型进行充分的研究,总结出各种模型的宏观涌现特征,从而形成对待解释现象的良好类比,从中获得足够的启发,最终获得对现象的解释。隐喻的方法是一种高度抽象的方法,其核心逻辑是"因为在另一个已知微观机制的过程中出现了相同或相似的宏观现象,所以待解释的宏观现象可能有着相同或相似的微观机制"。隐喻的方法并不是传统科学研究所接受的方法,但本质上讲,任何包含了理论抽象或经过理想型简化的理论都是隐喻的方法,因为在经过抽象之后,所有的逻辑演绎都只针对理想型而不再是现实本身,然后再声称逻辑演绎的结果代表了现实。之所以说隐喻的方法是复杂性科学所"特有的",只不过是因为在面对复杂系统时数学工具不足,所以解释理论的隐喻特征更加突出罢了。

在本书的案例中,一组理论假设经过模型数值计算的演绎过程,复现了多种与经验相符的现象,包括齐普夫法则成立的、帕累托分布成立的、帕累托分布不成立的、齐普夫线伴随逆时针旋转的平移、分布曲线曲率的变化、不规则曲线形态的相似性、城市位次的频繁更替以及城市化路径曲线的吻合等,其中有的模型结果与经验的吻合是定量的、有的是定性的、有的则是"定形的"。这种解释的实质性逻辑就是隐喻的方法。"定形"的解释其解释力虽不及一些传统的定量分析,但强于仅仅是定性的分析,同时也在单纯经验公式拟合的基础上前进了一步。在复杂动力系统的研究中,由于缺乏足够的数学方法,形态分析也是被采用的方法之一。形态分析的主要研究对象之一就是系统的模式或斑图。在城际人口分布问题的案例中,人口分布曲线和城市化路径曲线等正是这个系统的斑图。

（二）模型的方法

模型的方法要求在计算机上设置系统的个体及其规则，通过迭代等计算产生宏观结果。在以传统方法进行科学研究的时候，大部分的微分方程是没有解析解的，只能采用数值计算方法来揭示系统的发展轨迹特征，因此数值计算方法已经被普遍接受。复杂系统模型方法的实质就是数值计算方法，其不同仅在于模型的对象、规则、参数等体现着复杂系统的特点。

隐喻的方法与模型的方法相结合，有助于将一个领域的抽象结果推广到另外一个领域，形成不同研究领域之间的沟通，促进新概念和新理论的产生，甚至可能包括跨领域的理论。

第六节 模型方法的局限性和对策

采用模型工具实现的机制性解释在作为原因的机制与作为结果的现象之间建立联系，这种现象就必须是稳定可观察的。前文的分析表明，社会是一个复杂系统，模型是社会过程的抽象，也是一个复杂系统，其微观元素的行为具有随机的表现，因此不是一个稳定可观察的现象，也就无法成为一个机制性解释理论的解释对象。针对社会现象的模型方法以及机制性解释只能针对社会这一复杂系统中具有相当稳定性的可观察对象，这个对象就是相关社会过程所涌现的模式特征或斑图。在本书的案例研究中，微观尺度的个体迁移轨迹是随机的，中观尺度的城市兴衰也是无规律的，只有宏观尺度的城际人口分布和人口城市化过程才是稳定的和有规律的[①]。

模型方法是一种高度抽象的方法，其建立的目的常常在于丰富研究者对各种基础机制和过程的理解，而不在于对特定的具体案例提供定量的解释。这样，模型方法在运用时就面临一个两难的选择。如果要揭示社会现象最本质的原因，就必须保持其简洁性，因为如果模型变得与真实社会同样复杂，也就失去了其充当社会机制理想型的解释意义。反之，如果要与经验更加相符，就必须增加其复杂性（Macy，Willer，2002），而且即便如此，模型

---

① 这就是本书的案例研究之所以选择齐普夫法则现象作为解释对象的主要原因。

与经验定量相符也十分困难。模型方法与被解释现象的吻合多数时候只能是针对模式或斑图的、定性的或形态上的,而不是定量的。这就是模型方法的局限性。

不过,仍然可以采取一些方法来增加基于行动者的模型的现实意义。

(一) 真人参与的模型计算实验

在有些研究工作中可以采用真人参与的模型计算实验(王国成,2015)。这种方法实际上是社会实验方法与模型计算实验方法结合的产物。在实验中,以真人为实验对象来测定真实个体的行为特征,包括对环境的响应模式、个体之间的互动方式,并关注个体的共性和异质性及其特征量的分布等,然后将得到的真实数据代入计算机模型进行计算实验。

采用真人参与的计算实验方法,一方面可以发挥社会实验和计算实验两者的优势。其中真人实验的部分可以挖掘出人类真实行为的关键因素,使模型中个体的行为方式具有实证基础。另一方面,计算机模型也可以充分发挥其优势,方便地解决传统社会实验方法在实验规模、时间跨度等方面的局限性。而且可以通过真人实验和计算实验反复交替进行的方式,充分地探索被关心的社会现象是由哪些人类的个体特征所引起的。

(二) 经实证校准的模型计算实验

采用经过实证数据校准的模型计算实验同样可以增加模型方法的现实意义(赫斯特洛姆,2010)。经实证校准的模型与真人参与的模型不同,这种模型中个体的行为特征不是来自对真人进行的社会实验和个体测试,而是来自对微观层面的个体态度或行为的统计分析结果。定量研究的结果比个体实验的结果更具推论意义,因此,采用实证研究的统计分析结果作为模型中个体行动的输入参量,等同于对理论假设进行了检验,或对模型的参数进行了检验。如果对模型的输出量,也就是模型演绎出来的宏观后果同样进行经验检验,那么就把模型变成了微观事实与宏观事实之间的桥梁。

本书所提供的计算机模型就采用了实证数据校准的方法。在模型中,导致行动者从小城市向大城市聚集的一个必不可少的原因是更大的城市有着更高的人均收入。在对模型中不同城市的人均收入进行设置时,本模型采用的是异速增长定律所推论的数据。异速增长定律是一个经过了大量的实证定量研究获得的结果,因此,本模型的这一输入参量是经实证校准的。

随后，经过模型的计算演绎，得到了宏观可测的结果，又与帕累托分布等经验研究所发现的现象特征吻合。因此可以说，本书中的计算机模型是一个经实证校准的模型的实例。

第七节 建立机制性解释理论的一般性方法

建立社会学机制性解释理论的一般性方法可以借助图10-7来加以说明。图10-7中央的两个椭圆和它们之间的双向箭头表示：社会现象和社会环境是由个体的行动所导致的，反之，社会环境又时刻影响着个体的行动选择。

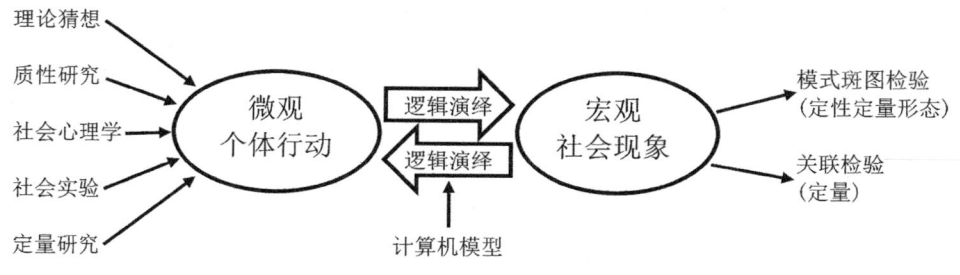

图10-7 社会学的机制性解释理论

一、解释理论的构成

社会学的主要研究内容是各种宏观社会现象的成因。一个机制性解释理论的任务是把宏观的社会现象归因于微观的个体行动，需要建立从个体行动到社会现象之间的因果逻辑。这样的一套因果逻辑由演绎起点、演绎过程和演绎结果构成。

（一）演绎起点

一套机制性解释的理论出发点有五种不同的选择，可以采用其中的任何一种。

1. 猜想。

根据波普尔科学证伪主义哲学的思想，理论可以始于猜想而不失科学性。当一门学科的理论体系还没有形成，只有一些碎片化的成果的时候，科学工作者不可能始终去等待其兴趣之外的基础理论的形成或经验证据的产生。这时候，猜想就显得尤其重要。社会学当前恰恰处于这样的阶段。如果苛刻地将猜想排除到可用的理论工具之外，必然会导致大量的研究工作无法开始。因此，只要一个猜想不明显地有悖于经验事实，就可以作为理论的演绎起点来使用。此外，在有些情况下，理论的逻辑起点可能是个体层面的难以测量的要素，为了使研究工作得以进行，也只能采用适当的猜想作为起点。

2. 质性研究的结果。

质性研究的优势在于能够深入地体察情景，细致入微地去理解个体的态度、愿望、信念和反应方式等，而这其中的某些因素可能恰恰是被研究的宏观现象出现的根本原因。当这个原因和机制还没有被揭示的时候，定量分析的结构化测量方法很可能无从入手，所谓没有理论的指导就没有正确的测量。这时候，质性的研究就体现出很高的价值。如前文所述，在大部分情况下，复杂系统微观原因与宏观后果之间的关系是极难洞察的，质性研究可以发现大量的个体微观特征，其中的每一个都可以作为后期计算实验可能的输入条件，也是理论假设的灵感来源。而且，如果一个理论的演绎起点是质性研究的结果，而另外一个理论的起点是未经质性研究的猜想，那么前者的效度是高于后者的。

3. 社会心理学的研究成果。

如果社会学的基础学科，即社会心理学的研究成果已经恰好涵盖了社会学理论建立所需要的逻辑起点，当然可以直接采用，这正如化学的研究中使用了物理学的研究成果。不过在当下，社会心理学与社会学直接的衔接还十分薄弱，如果在一项研究工作中遇到可以直接采用社会心理学成果的情况，研究者是十分幸运的。

4. 社会实验结果。

使用社会实验的结果作为演绎起点的方式正是前文讨论的真人参与模型计算实验的方法。当研究者把需要被解释的宏观现象可能的微观原因集中到一个较小的范围时，就可以采用这种方法。采用这种方法，可以把真实的个人特征代入模型，使模型更具现实性。

5. 定量研究结果。

采用定量研究结果作为逻辑起点的机制性解释理论具有最高的效度。这是一种从微观社会事实直接演绎出宏观社会事实的情形。在这种情形中,推论意义最强的归纳工具,即定量统计分析,和推论意义最强的演绎工具,即模型方法,发挥了充分的优势互补。

在实际的研究中,需要建立的理论的演绎起点常常不止一项,其中不同的演绎起点可以有不同的来源。例如本书的案例采用了六条核心的理论假设,其中有的是猜想、有的是质性研究结果、有的是定量研究结果。

(二) 演绎结果

在一个机制性的解释理论中,演绎的结果就是模型所预言的宏观社会现象,是需要被经验所检验的结果命题集。如前文所讨论的,社会是一个复杂系统,具有非线性复杂系统的共性特点,而且社会系统中总是同时存在大量不同的机制同时发生作用,其效果可能彼此掩盖、削弱或相互抵消。因此,在被系统动力机制掩盖之后仍然可能留下来被研究者观察到的现象中,很难带有微观的确定性。例如,无法指望一个社会学的理论能够预言当父亲有何种职业,受过何种教育,以及本人有过何种经历的时候,本人就注定会有怎样的收入。可以被识别的,通常只有宏观的模式(或斑图)以及共变现象。

1. 模式或斑图。

当研究者的兴趣在于某一组具体的社会现象时,从这组社会现象中发现模式或斑图特征具有关键的意义,因为它很可能是导致现象的原因在社会系统中经过复杂的迭代演化之后留下的可供观察和研究的唯一线索。

在本书给出的研究案例中,研究的起点就是城际人口分布符合齐普夫法则的现象,其分布曲线正是这个系统的一种空间斑图。在随后的研究过程中,模型识别出在城市化的不同阶段空间斑图的差异,其中包括上凸的曲线、接近直线的曲线、下凸的曲线以及各种不规则的曲线,每种不同的斑图特征具有不同的系统动力特征方面的含义。同时,齐普夫线随时间演进的特殊移动方式、带符号曲率的变化过程、城市化路径曲线中特点鲜明的S形、其速度曲线的倒U形、加速度曲线的Z字形以及相空间轨迹的特定形态,都是时间斑图的例子。在关于行动者不同的行动逻辑导致不同宏观结果的研究中，行动逻辑细微的变化导致了城际人口分布曲线的根本不同，说明了微观机制对斑图特征的影响程度。

在本书的案例中，系统的模式斑图存在一些特征值，比如帕累托指数、带符号曲率等。这些特征值的存在使得定量的匹配分析成为可能。于是，本书的研究得到了一些与经验现象定量吻合的实证检验，如指数为1的帕累托分布。在将理论结果与经验进行匹配检验的时候，回归分析的目标函数是存在解析形式的数学方程，包括"斜率为1的直线"或联合国发布的人口城市化曲线。

在更普遍的情况下，这个作为纽带的数学方程并不存在。这时，如果被解释的现象是时间斑图，研究者所需要检验的是两组来自经验的时间序列的相似程度，其中一组是模型给出的演绎结果，另外一组来自对社会现象的经验观察。研究者要证明这两个时间序列是"相似的"，就需要采用一些更高级的分析方法，例如：欧几里德距离（Euclidean distance）、傅里叶系数（Fourier coefficients）、自回归模型（auto-regressive models）、动态时间规整（dynamic time warping）、实序列距离编辑（edit distance on real sequences）、时间规整距离编辑（time-warped edit distance）、最小跳代价相异性（minimum jump costs dissimilarity）以及矩阵距离（matrix distance）（Ye, Jiang, et al., 2019）等。

如果研究的对象是空间模式和斑图，情况可能会更加复杂一些，因为空间斑图可以有更高的维数。研究空间斑图首先要解决的问题是数据的可视化（Batty，2018），有些研究可以直接针对图像的分形维数，其他大部分的则需要根据具体的问题确定有意义的特征参数，即对于所研究的问题而言，哪些是有意义的特征量，例如斜率、曲率、周长、拐点的位置、拓扑结构等。总地来说，对二维斑图性质的研究目前还处于比较初级的水平，有一些针对个别具体问题的进展（欧阳顾，1999a；欧阳顾，1999b；夏蒙芬，1999），但还没有形成成熟的、可以直接使用的系统性方法。不过，在有些问题中采用神经网络等基于计算机的智能算法是很有希望的方向（王健宗，孔令炜等，2021）。

2. 共变现象。

共变现象在统计分析中表现为数据之间的相关。尽管相关关系本身对建立机制性解释理论的帮助非常有限，但定量分析所确认的共变现象却是对机制性解释理论非常好的检验途径。在很多情况下，一个计算机模型在解释一个现象的同时会对其他相关的宏观现象做出预言，其中包含共变关系，如果这些共变关系与经验相符，理论就通过了一次进一步的检验。反之，如果模型的预言与经验不符，则至少模型在这个方面是不完整的。在本书的实例中，模型在解释城际人口帕累托分布现象的同时，预言了在很长的阶段中各个城市的人口应同步增长、城市位次有频繁更替、城市化路径曲线呈 S 形等现象，都与经验相符，从而理论得到了进一步的检验。不过，模型中的城市是没有内部结构的，与现实不符，因此，模型不能用于解释城市内部人口分布特征的形成。此外，定量的统计分析与模式或斑图的检验不同，定量分析有着非常成熟的方法，十分擅长于揭示相关关系。因此，用相关关系来检验理论是非常方便和有效的。

（三）演绎过程

宏观的社会现象是个体的长时间互动形成的，正如人类历经千年的城市化才导致了当今的城市状况。宏观社会环境与微观个体行动是双向影响的，对其进行描述的理论中涉及的逻辑演绎也是双向的，既要反映出个体行动如何塑造社会环境，又要反映出社会环境如何影响个人行动。在沟通微观与宏观两个层面的机制性解释理论中，逻辑演绎的过程相当于物理学理论中的数学推演部分。在涉及复杂系统的情况下，通常需要采用数值解来替代严格的数学推演，而模型方法则是实现数学问题数值解的一种适当方法。

总之，在一个完整的、效度最高的机制性理论中，微观机制和宏观现象是经过实证检验的，逻辑演绎的过程则由计算机模型完成。

二、演绎工具和思维过程

人工社会的方法出现以后，就可以在基于行动者的模型中纳入个体的异质性、适应性、有限理性等特性，以及个体间的各种相互作用，从而使模型的输出结果呈现宏观社会现象的模式特征。在本书的案例中，这些个体的异质性和个体间的相互作用是导致齐普夫法则等现象出现的必要条件。如果仅仅采用语言逻辑或数学工具，很难完成这个演绎过程。因此，对于分析社会学的目标而言，人工社会是一种非常适当的逻辑演绎工具。

建立一个机制性解释理论的思维过程有两种,一种是从微观走向宏观,另一种是从宏观走向微观。

(一) 从微观走向宏观

之所以采用从微观走向宏观的方法,根本的原因是数学工具的匮乏。图 10-8 的例子就可以说明我们对二维斑图知之甚少。这个图形显得相当复杂,但它对应的方程却相当简单:$x\cos y = y\cos x$。如果这个图形是研究者看到的社会系统的某种宏观斑图,则很难看出其背后的简单机制。

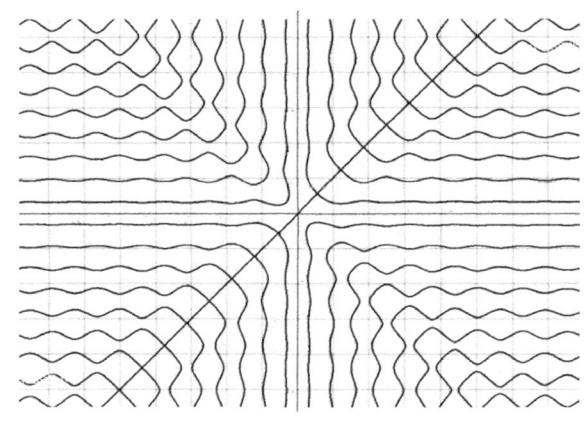

图 10-8　一个简单方程的图像

霍兰的做法是从最简单的西洋跳棋开始,研究简单的非线性动力机制可以产生怎样的斑图。当这样的知识积累到一定程度的时候,就有可能在现实中找到它的对应物(霍兰,2006)。社会学的研究也可以采取类似的方法,首先通过微观层面的研究识别个体的行为逻辑和互动方式,然后将其作为出发点,输入模型,得到宏观结果,最后观察与何种宏观经验形成匹配。

(二) 从宏观走向微观

本书所提供的模型就采用了从宏观到微观的发现过程,从城际人口分布的宏观规律出发,通过理论假设、计算机建模和随后的计算实验来发现和证实与这种宏观现象有关的微观机制。

建立一个人工社会模型,纳入适当的微观个体要素,运行模型,出现宏观模式特征,且该模式特征与宏观社会现象相符,这个过程不太可能是一蹴而就的。研究者通常需要进行反复的计算实验,尝试纳入新的或移除旧的微观因素并观察模型宏观模式的变化,这个过程等同于在进行多元回归分析时对不同潜在解释变量的尝试过程。在这个过程中,研究者的核心目标应该是去发现使宏观现象得以再现的充分且必要的微观条件,尝试去获得能解释目标现象的最小的前提命题集。

随着信息技术的发展,计算机、互联网等技术已经将人类带入了大数据时代,也为社会学研究带来了巨大的机遇(张文宏,2018),使研究者有更多的机会看到全局性数据中所携带的模式特征和规律,从而使社会现象机制性解释理论的建立获得了更大的可能性。

三、分析社会学理论的预测能力

社会学理论的解释能力和预测能力一直受到研究者的关注。相比之下,自然科学的理论无论在解释现象还是在预测现象方面,都表现得强于社会学的理论。在波普尔看来,解释与预测有着密切的关系。一种科学的理论从猜想出发,其演绎结论不但要与已知的现象相符,而且要预测出未来的现象以便接受检验。相似的观点认为,如果社会学是一门科学,就必须按照科学的标准来衡量,就必须能够进行预测(Watts,2014)。

以往的关于这个问题的分析多聚焦于人与自然科学研究对象之间的本质区别。例如,麦金太尔在《追寻美德》中,将社会不可预言性的根源归纳为四种:(1)根本概念的创新;(2)个体未来的行为取决于尚未做出抉择的行为的未来后果;(3)社会生活的博弈性特征;(4)纯粹的偶然性。这些"根源"都体现着人与自然科学研究对象的本质不同。麦金太尔也指出了社会生活可预言性的四种因素:(1)预定时间的协调性和必要性;(2)统计上的规律性;(3)关于自然的因果规律性知识;(4)关于社会生活的因果规律性知识(麦金太尔,2011),这些因素仍然围绕人的特征。

从复杂性科学的视角来看,人类社会是一个非线性复杂系统,具有此类系统的特征,包括:初值敏感性、路径依赖性等。因此,与其他复杂系统的情形一样,对社会微观现象的预测和对社会宏观现象的长期准确预测都是不可能的,这个问题不是哪一种理论或方法所能够解决的。在本书模型的例子中,这一点有着充分的表现,比如,预测一个个体何时迁移,迁移到哪个地点,或者预测哪个城市会成为最终的"胜出者"都不可能。不过幸运的是,分析社会学理论的预测能力仍然可以体现在三个方面。

（一）长期的模式预测

复杂系统虽然在微观层面表现出随机性，但是在宏观层面仍然存在着稳定的特征，这就是模式或斑图特征。一旦社会系统演化的真实机制被识别，就有可能通过模型等方法准确地预言未来社会的模式特征，例如本书的模型对城市化时间路径曲线的预测。

（二）短期的现象预测

当社会系统的机制被识别以后，同样可以仿真出系统演进的轨迹以及可能的分叉。当然，这个预测的轨迹不可能很准确，因为在系统演化过程中会出现大量"扇动翅膀的蝴蝶"，每一次都可能造成对结果大幅度的影响。但是，微扰导致宏观后果需要经过一个过程。所以，可以采用当前的真实社会状态及时地修正预测的轨道，并用来预测"下一次飓风"到来之前的社会现象。例如在本书的模型中虽然不能在同步增长期预测最先衰退的城市，但是一旦看到一个城市的衰退，就可以对另一个同等规模城市的衰退提供短期预测。对复杂系统行为进行短期预测的实质就是在系统相空间轨迹（参见图10-3、图10-6）中相继出现的两点之间建立联系，通过较早的现象的出现预测较晚的现象的出现。

（三）共变现象的预测

在演化机制被识别以后，可以通过计算机仿真发现共变的变量，这种共变有些存在先后次序，或者其中的一个更容易观察和测量。这样，就可以通过对其中一个量的测量结果来预测另一个量的变化趋势。

如此看来，一方面机制性的解释理论不但可以用来进行预测，而且是进行预测的基础。另一方面，统计技术的优势是对现象的存在进行确认以及揭示共变关系，因此统计分析是一个机制性解释理论与经验是否相符的判断方法。

本书认为，社会现象可以在一定程度上被预测的原因正是许多社会机制的存在，其根源是：大体上讲，人的行为要么体现出理性，要么体现出有规律的非理性，或称为可预测的非理性（predictable irrationality）（艾瑞里，2010）。

第十一章
分析社会学方法的性质和意义

第一节 关于归纳方法的反思

黑体辐射公式的发现过程对理解归纳方法的含义是颇具启发的。1900年前后,黑体辐射现象中辐射强度与辐射波长的关系被实验发现。随后,维恩(Wilhelm Wien)从经典热力学的角度导出了维恩定律,而普朗克从量子力学的角度导出了普朗克公式(如图11-1)。两个公式的来源完全不同,但都可以良好地拟合实验数据曲线,只在长波部分存在不大的差异(赵凯华,罗蔚茵,2008)。但是后来,普朗克公式带来了光量子假说以及能够解释大量其他现象的量子力学体系,普朗克公式也成了量子力学理论的导出结果。

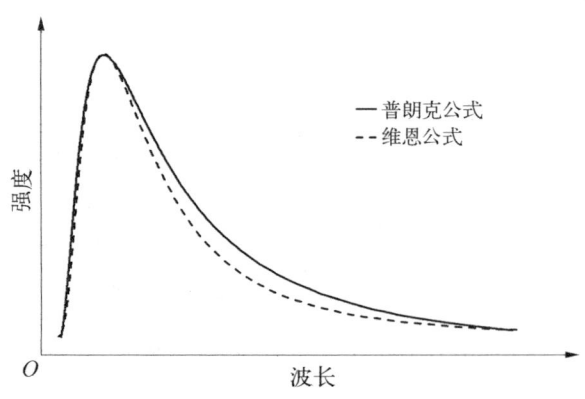

图 11-1　黑体辐射强度与波长的关系

相比之下，维恩定律则更多地被当作一个仅针对黑体辐射问题的经验公式来使用。这个例子说明，就发展科学理论而言，只归纳出经验定律是不完整的，提出经验定律的形成机制才是最为关键的，甚至有时对个案数据的拟合优度反而是次要的。

在实证社会学的研究中，采用统计、回归等方法所进行的分析实质上就是归纳现象、确认规律的过程。这个过程采用何种回归模型存在着一定的任意性。在本书的案例研究过程中多次出现这样的情况：一组城市人口数——城市位次分布数据既可以顺利地通过线性回归也可以顺利地通过二次回归。在没有提供微观个体机制的情况下，两者关系的本质到底是一次的还是二次的呢？实质上讲，城际人口分布曲线既不是帕累托分布，也不是对数正态分布或者任何经验公式所代表的曲线，它就是一组微观机制所带来的结果，仅仅在特定的时间和特定的条件下才具有某些曲线的特征。这样说来，仅仅依靠宏观量之间的统计分析就无法从根本上揭示其内在机制，也就无法真正理解这个现象。这正如科尔曼(James Coleman)所强调的，一个理论要成为解释性的理论，就必须确定一系列能够引发相关社会结果的因果机制(Coleman，1986)，统计结果必须基于正确反映社会结果得以产生的过程的模型之上才有意义。

第二节 分析社会学对社会学发展的意义

一、将社会现象归因于个体行动

韦伯曾经强调，"我们不能把群聚的相关作为解释，除非它被分解为可理解的个人行动。即使我们只分析宏观层次的社会现象之间的关联，我们也必须把这个解释的过程分解为两步：其一，社会现象 A 如何影响个体行动；其二，被影响了的个体行动产生什么样的社会现象 B。这样，解释社会现象最基本的因果主体是个体行动者而不是其他。"(陈云松，2008)

科尔曼曾以宏观—微观关系图来说明这种观点的意义，参见图 11 - 2（该图是笔者修改的中文版）。按照韦伯的观点，即使理论的目的是揭示两个宏观社会现象之间的关联(对应图中的箭头 4),也必须把这个解释的过程分为两个部分,一是社会环境如何影响个体(对应图中的箭头 1、箭头 2),二是个体行动如何产生新的社会现象(对应图中的箭头 3)。科尔曼以韦伯关于新教伦理与资本主义精神的研究为例论述道:韦伯充分地论述了宗教伦理如何影响了个体的价值观(对应图中箭头 1),也充分地论述了个体的价值取向如何影响了个体的经济行为(对应图中箭头 2),但韦伯未能有效地论证个体的行动如何塑造了被称为资本主义的经济组织结构(图中箭头 3)。科尔曼认为,对于理论研究和经验研究来说,从微观到宏观的演绎是对研究者最大的挑战,常常被一笔带过地敷衍了事(Coleman,1986)。

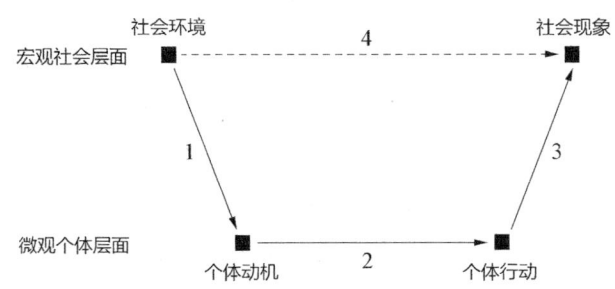

图 11-2　宏观—微观关系图

布东指出,一个好的科学理论需要首先提出一个命题集合,其中的每个命题或与经验观察一致,或可根据不同的情形自圆其说,从而每个命题能够单独成立;与此同时,命题集合中的所有命题必须彼此兼容。当一个具体的实际的现象可以表达为这一命题集合的演绎结果的时候,就构成了科学的理论(Boudon,2002)。

从哈耶克、韦伯、科尔曼、布东等学者的论述中可以看到,社会学家与自然科学家一样,并不满足于发现宏观社会现象之间的关联,而是将微观个体行动看作宏观社会现象的实质性原因,并试图揭示两者之间的机制性因果关系。这也正是分析社会学的理论结构。

二、沟通不同层次的社会事实

面对社会学流派繁多、理论纷呈、方法混杂的局面,元社会学

(metasociology)在反思社会学自身危机的基础上发展起来。元社会学以社会学自身为研究对象,分析其现状和发展规律,研究社会学的理论、方法和资料分析结果,检验和判断社会学理论和方法的合理性和有效性(锐查,1987)①。元社会学的兴起体现出社会学领域对其学科主题概念、研究逻辑和范式的反思,也可以透视出学科的发展状况不尽人意的现实。元社会学的任务之一是分析社会学理论的形成过程、辨识其研究范式、揭示其理论结构和重大问题。瑞泽尔(George Ritzer)在元社会学领域做出了很多工作(Ritzer,1989;Ritzer,1990),其观点有较大影响。

1975年,瑞泽尔首先对库恩(Thomas Kuhn)的科学范式理论进行了明确化和操作化,然后运用这一指导思想对当时颇感纷杂的社会学理论进行了分析,并在此基础上指出了共存的三种社会学研究范式:社会事实范式(Social Facts Paradigm)、社会定义范式(Social Definition Paradigm)、社会行为范式(Social Behavior Paradigm)(Ritzer,1975)。

在社会事实范式下,"社会事实"被分为社会结构(social structures)和社会制度(social institutions)两类(Blau,1960),是客观存在的实体,外在于个体并强制着个体。结构与结构、制度与制度、结构与制度的关系是主要的研究关注点,一种社会事实可用另种社会事实来予以解释,而不必考虑个人的作用,个人的一切完全受社会事实的外力控制。社会事实范式最主要的理论包括结构功能主义和冲突论。在研究方法上,社会事实范式主要采用问卷法和采访法,并采用基于统计技术的假设演绎法形成结论。

在社会定义范式下,社会学就是试图解释和理解社会行为,从而对社会行为的过程和结果找出产生它的原因,而所谓社会行动就是所有个人给自己的行为赋予的主观意义的总和。社会定义范式之下的行动理论、符号互动论、现象学等,都认为人是社会实体的积极创造者,并从而比较关注人的心理过程、行为结果和人际互动。观察法通常是社会定义范式的首选。

社会行为范式则更注重个人与其周围环境的关系,研究个人的行为是

---

① "锐查"即 George Ritzer,常译为"乔治·瑞泽尔",在该文献中被译为"锐查"。

怎样作用于环境,并产生了哪些后果;反过来,这些后果又是怎样影响到个人的行为的。在社会行为范式的理论中,包含了交换理论,把个人抽象为以固定的规则与环境相互作用的"机器人"。社会行为范式的研究方法包括了前述的所有方法,但尤其推崇受控实验的方法。

进一步地,瑞泽尔以客观对主观、微观对宏观这两个维度将社会事实归于四种类型,分别是:第一类,宏观客观型(macro-objective),例如法律、社会机构、社会结构、技术、语言;第二类,宏观主观型(macro-subjective),例如文化、规范、价值;第三类,微观客观型(micro-objective),例如行为模式、行动、互动;第四类,微观主观型(micro-subjective),主要包括个体层面的建构特征。在这种意义下,社会事实范式主要关注宏观客观型和宏观主观型社会事实;社会定义范式主要关注微观客观型和微观主观型社会事实;而社会行为范式则只关注微观客观型社会事实。值得注意的是,在这三种范式中,并没有任何一种的研究跨越了微观与宏观的尺度界限。

瑞泽尔主张,社会学应该建立第四种研究范式,即一种"整合社会学范式"(integrated sociological paradigm)。这种范式的研究对象应该跨越全部的四类社会事实,但不以前三种范式相同的强度来研究任何一类社会事实(Ritzer,1981)。有学者认为瑞泽尔的意图是以第四种理论范式来整合其他的三种范式,但从他对整合社会学范式的界定看来,这种范式的要点并不是去整合其他的社会学理论范式,而是去整合四种不同的社会事实,从而形成跨尺度的理论,跨越微观与宏观之间的鸿沟。

在本书的模型中,行动者的愿望和信念就是微观主观型的社会事实,其迁移行动是微观客观型的社会事实,而城际人口分布的各种规律则是宏观客观型的社会事实。本书的计算机模型以微观的社会事实作为演绎的起点,以数值计算方法完成演绎的过程,最终推演出宏观的社会事实,从而沟通了微观与宏观两个社会层面,也将宏观的社会现象归因于个体的行动及其行动的意义。这样,本书的研究就构成了整合社会学范式的一个实践案例。

从许多社会学家的观点来看,分析社会学的思想符合社会学理论发展的需要。

第三节　分析社会学对科学发展的意义

一、社会学理论的科学性

特纳（Jonathan H. Turner）根据"是否基于经验事实"以及"是否进行价值评价"两个维度把人类知识体系划分为四种类型：基于经验的且价值中立的科学、不基于经验的且价值中立的逻辑、基于经验和价值判断的意识形态、不基于经验但基于价值判断的宗教（特纳，2001）。宗教告知来自经验之外的力量的指示，意识形态主张改善经验的途径，而逻辑，如数学理论，不论在出发点上还是在结论上都不必顾及经验。只有科学需要：(1) 有解释能力；(2) 有预测能力；(3) 可以被经验检验；(4) 精确。

瑞泽尔的社会定义范式下的研究"试图探察行动者主观行动的意义关联，并从而建构起行动者行动间的意义脉络"（谢立中，2007）。这种研究关注人的心理过程、行为结果和人际互动，不排除以主观"洞察"的方式去理解行动者主观的行动意义。前文提到，通过主观建构来产生演绎的逻辑起点丝毫不影响这种理论的科学性，尽管如此，也应该注意到，很难指望两个不同的研究者在观察同一个对象后"洞察"到相同的东西，在自然科学研究中也是如此。不过自然科学很容易进行取舍并形成一致意见，这个取舍的标准就是理论预言与经验的吻合程度。而在社会学中，采用社会定义范式下的理论在建立可测量的"预言"的环节恰恰是薄弱的，很多时候也采用了"洞察"的主观方式来检验演绎结果与经验的吻合，这就与波普尔的科学标准有着一定的距离了。还有一种观点认为，即使完全放弃实证检验，这种理论仍不失为一种有价值的知识，这是不错的。不过，一旦放弃了实证检验，就意味着理论的前提和结论都是不基于事实的，可能会被特纳归入"逻辑"这一类别，而不再属于科学。诚然，并非所有的学者都认为社会学必须是一门波普尔或特纳意义上的科学，但是，正如麦金太尔说的那样，"社会科学家作为专家顾问或管理者的核心作用是要预言各种备选政策的各种后果，而假如他的预言并非来自类似于规律的普遍概括的知识，那么社会科学家作为预言者的地位就变得岌岌可危"(麦金太尔,2011)。

布东提出,多样化的社会学理论可以用四种理想型作为代表。第一种是信息性的社会学(informative sociology),其任务是获得数据、分析数据,并向政策决策者提供参考和依据。第二种是批判性的社会学(critical sociology),负责指出社会存在的缺陷,提供改进方案。第三种是表现性的社会学(expressive sociology),以生动的方式来描绘社会现象,唤起情感的共鸣。第四种是认知性的社会学(cognitive sociology),以解释社会现象为目标(Boudon,2002)。以布东的观点来看,如果认知性的社会学不能取得一定程度的成功,失去了对社会规律的起码的认识,那么信息性的社会学所获得的数据则不再有用,而批判性的社会学所提供的方案也就不具价值,因为这种旨在改善社会的方案也是以对社会规律的认知为基础的。这样的话,社会学的生存空间似乎也就只剩下旨在唤起情感共鸣的表现性的社会学了。

所以,承担了解释社会现象这一任务的社会学需要具有科学性,实践中的社会学研究也从未放弃过其科学的一面。

二、分析社会学的科学性

根据波普尔的观点,科学理论的一个基本特征是能够提供可被证伪的预言,而且可证伪性是科学与非科学的分界线。如果社会学理论中从微观到宏观的逻辑演绎是敷衍了事的,那么就很难提供明确的预言。一旦理论的演绎是十分模糊的,那么它既可以声称解释了一切现象,又可以被认为没有解释任何现象。

本书中计算机模型建立的出发点是针对齐普夫法则现象的,即模型为了解释齐普夫法则而建立。在完成这个任务的同时,模型还提供了一些额外的推论,也就是理论的预言,其中有些已经被一些其他的经验现象所证实,包括:帕累托指数单调递减、带符号曲率单调递增、人口分布曲线的多种形态、城市位次的频繁更替、城市化曲线的S形轮廓等。此外,模型还可以提供更多的预言,这些预言还没有经过经验的有效检验。例如,一旦城市系统进入极化增长阶段,越小的城市越早进入衰退;一旦比自身稍小的城市进入衰退,自身也将很快进入衰退;在同步增长阶段,城市位次更替常常发生,而在极化增长阶段,城市的衰退更多是平行的;等等。

如果模型的预言与未来出现的或研究的现象相符,则拓展了模型理论的适用范围,反之则需要对模型进行修正。但无论未来的经验检验结果如何,本研究采用的分析社会学方法都可以提供明确的可证伪预言,体现出是一种具有科学性质的研究尝试。

三、分析社会学的科学价值

在波普尔证伪主义观念被提出的时候,自然科学所触及的领域比当今更加碎片化,当时已经形成的科学理论如同孤岛。自 20 世纪以来,自然科学获得了飞速的发展。物理学领域,出现了相对论、量子力学、粒子物理学、凝聚态物理学;化学领域,出现了化学键理论、化学动力学、化学热力学、生物化学;生物学领域,诞生了以物理学和化学为基础的分子生物学、神经生物学、脑科学;等等。应用技术的发展成果更是不计其数。随着科学的发展,交叉学科出现,基础自然科学之间相互渗透。在发展新的科学理论时,很多时候已经不必进行波普尔意义上的猜想,而是直接以其他学科经证实的结论作为逻辑起点,正如一位生物学家所说的,"当你把化学的知识输入到数学的知识当中,你就会得到生物学的知识"。

一个普遍的情况是,对一个自然现象的解释往往涉及比现象本身更加微观的层面。例如,从基本粒子的行为出发解释原子和分子的性质,从原子和分子的行为出发解释固体、液体和气体的性质,继而解释其相互作用的各种现象和规律,乃至生物体内的各种生理过程、神经行为、心理活动……而科学则寻求从物理学的定律推导出化学的定律,继而逐步推导出生理学的定律、心理学的定律,相应地形成各学科基于其他学科领域的发现建立本学科理论的关系链,见图 11-3。其中不同学科之间的分界则仅仅是源于学科的研究传统,并不代表任何实质性的鸿沟。自然科学发展至今,这个代表人类对自然认知水平的"科学连续统"[①]已出现日益完善的迹象。但是,尽管社会学承担了发现社会现象之间规律的任务,社会学目前似乎还没有成为科学连续统的一环。

---

① 本书使用的"科学连续统"概念,与杰弗里·亚历山大提出的"科学思想的连续统"概念的含义不同。

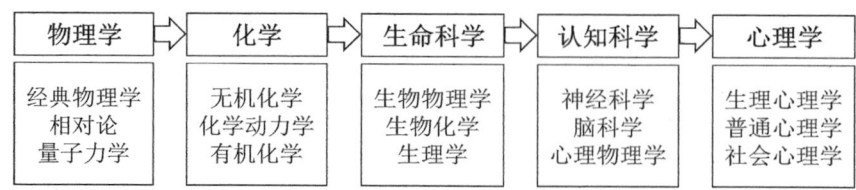

图 11-3 自然科学连续统

分析社会学的创立者明确提出,对人类行为的理解最终应基于心理学和认知科学的发现和理论(Hedström,Ylikoski,2015)。如果分析社会学能够获得成功,不但可以丰富社会学自身的理论体系,而且社会学将成为科学连续统的最新环节,使科学连续统最终完整,如图 11-4。

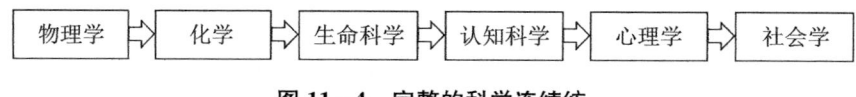

图 11-4 完整的科学连续统

第四节 主 要 结 论

本书是关于社会学研究方法的一项研究,探索在社会学研究中采用机制性解释的有关问题,主要结论如下①。

一、有关可行性的问题

1. 社会是一个非线性复杂系统,其内禀的随机属性所导致的复杂系统轨迹掩盖了可以启发猜想和检验理论的宏观社会现象的规律性,而这种掩盖又无法像自然科学那样通过传统的社会实验方法消除。这是建立机制性社会学理论主要的困难来源。

2. 如其他复杂系统一样,社会系统的宏观现象可能具有规律性,采用隐喻、模型等研究复杂系统的方法可以对社会现象进行研究并建立机制性解释理论。

---

① 同时作为对第三章第七节问题的回答。

二、有关适用范围和局限性的问题

1. 社会现象在微观层面往往表现出随机的特征，只有在宏观层面才可能在模式特征或斑图的意义上显示出特定的规律性，而社会学的机制性解释理论所需要的微观与宏观之间的关联应该建立在个体行动特征与这种宏观现象的模式特征之间，即以社会现象的宏观模式特征为解释对象。

2. 计算机模型方法存在不容忽视的局限性，其结果很难与社会现象定量吻合。但是，通过真人参与的计算实验或经过实证数据校准的计算实验可以增加模型的现实性，增强理论的解释力，提高预测的精度。

3. 受限于复杂系统内禀的随机属性，对社会现象的长期精准预测不能完成。但是，以对社会现象形成机制的理解为基础，在一定限度内进行短期的现象预测、长期的模式预测以及基于现象之间共变关系的预测是可能的。

三、有关具体方法的问题

1. 一般情况下，社会现象的机制性解释理论有三个主要构成部分，分别是微观个体行动特征、逻辑演绎过程和宏观社会现象特征。在建立理论时，微观个体行动特征可以来自质性研究、社会心理学、社会实验、定量研究的结果或者理论猜想，理论演绎出的宏观社会现象需要被经验检验，这种检验可以借助于模式特征的研究和采用定量分析的关联关系研究来完成，逻辑演绎的部分则由计算机模型所提供的数值计算方法实现。

2. 在分析社会学的机制性解释理论中，人工社会模型是一个非常适当的逻辑演绎工具。

四、有关性质的问题

1. 机制性的解释逻辑是比较成熟的自然科学理论普遍采用的解释逻辑。

2. 虽然当今的社会学研究更多地运用统计学解释，但社会学同样追求机制性解释理论。分析社会学不但可以丰富社会学的理论形态，也可以增强社会学的科学属性。

五、有关意义的问题

1. 分析社会学旨在将社会现象归因于个体行动,可以沟通微观的社会事实与宏观的社会事实。分析社会学的出现符合社会学理论发展的需要。

2. 分析社会学理论以个体行动特征为逻辑起点,可采用质性研究方法或定量研究方法来发现个体行动特征。分析社会学的理论演绎结果需要被经验检验,采用定量分析的实证研究是适当的检验方法之一。

3. 分析社会学试图与认知科学、社会心理学建立跨学科的理论关联,并主张采用严格的演绎方法,从而使社会学理论与其他科学理论具有更多的共性特征。分析社会学的成功将使人类的科学理论体系更加完整。

第五节 展 望

计算社会学与分析社会学都是信息时代的产物。根据有些学者的界定,计算社会学通过各种计算机、互联网和大数据技术来收集、处理和分析数据,试图建立宏观社会事实之间的"社会定律";而分析社会学则采用计算机模型等方法,侧重于揭示个体的行动与宏观社会现象之间的双向影响机制(Keuschnigg, Lovsjo, et al., 2018)。按照这样的界定,如果离开了分析社会学,计算社会学的研究就仍然停留在从宏观到宏观的层面,无法提供社会现象之所以形成的内在机制,很难阐明社会事实之间的因果关联。反之,如果没有计算社会学的帮助,分析社会学的研究则很难发现大规模社会现象的全局模式特征。如果这两种来自不同出发点的新的社会研究方法能够结合在一起,则很有可能发展出崭新的社会学理论框架,在这个框架下,质性研究方法和定量研究方法都将承担重要的任务。当这个框架形成的时候,孔德所设想的"社会物理学"将真正出现。这种社会物理学将不同于牛顿时代的物理学,但将与当代的自然科学共享相同的理论结构和研究方法,即复杂性科学的研究方法,也将与其他学科共同构成科学连续统。

参考文献

ANDERSON G, GE Y, 2005. The Size Distribution of Chinese Cities [J]. Regional Science & Urban Economics, 35(6).

AXELROD R, 1997. The Complexity of Cooperation [M]. Princeton: Princeton University Press.

AXTELL R, 2018. Endogenous Firm Dynamics and Labor Flows via Heterogeneous Agents [G]// Handbook of Computational Economics, Edited by Hommes C, LeBaron B. Elsevier.

AXTELL R, FLORIDA R, 2001. Emergent Cities: Micro-Foundations of Zipf's Law [J]. Computing in Economics & Finance, 154.

BANAVAR J R, MARITAN A, et al., 1999. Size and Form in Efficient Transportation Networks [J]. Nature, 399(6732).

BATTY M, 2006. Rank Clocks [J]. Nature, 444(7119).

BATTY M, 2012. Building a Science of Cities [J]. Cities, 29.

BATTY M, 2018. Visualizing Aggregate Movement in Cities [J]. Philosophical Transactions of the Royal Society B, 373(1753).

BEE M, RICCABONI M, et al., 2013. The Size Distribution of US Cities: Not Pareto, Even in the Tail [J]. Economics Letters, 120(2).

BENGUIGUI L, BLUMENFELD-LIEBERTHAL E, 2007a. Beyond the Power Law — A New Approach to Analyze City Size Distributions [J]. Computers, Environment & Urban Systems, 31(6).

BENGUIGUI L, BLUMENFELD-LIEBERTHAL E, 2007b. A Dynamic Model for City Size Distribution Beyond Zipf's Law [J]. Physica A: Statistical Mechanics and Its Applications, 384(2).

BERRY B J L, 1961. City Size Distribution and Economic Development [J]. Economic Development and Cultural Change, 9(4).

BETTENCOURT L M A, LOBO J, et al., 2007. Growth, Innovation, Scaling, and the Pace of Life in Cities [J]. Proceedings of the National Academy of Sciences of the United States of America, 104(17).

BLACK D, HENDERSON V, 2003. Urban Evolution in the USA [J]. Journal of Economic

Geography, 3(4).

BLAU P, 1960. Structural Effects [J]. American Sociological Review, 19.

BOCQUIER P, 2005. World Urbanization Prospects: An Alternative to the UN Model of Projection Compatible with the Mobility Transition Theory [J]. Demographic Research, 12.

BOUDON R, 1998. Limitations of Rational Choice Theory [J]. American Journal of Sociology, 104(3).

BOUDON R, 2002. Sociology That Really Matters: European Academy of Sociology, First Annual Lecture, 26 October 2001, Swedish Cultural Center [J]. European Sociological Review, 18(3).

BOYCE R R, 2010. Changing Patterns of Urban Land Consumption [J]. Professional Geographer, 15(2).

BRUCH E, ATWELL J, 2015. Agent-Based Models in Empirical Social Research [J]. Sociological Methods & Research, 44(2).

CHEN Y, ZHOU Y, 2008. Scaling Laws and Indications of Self-Organized Criticality in Urban Systems [J]. Chaos, Solitons & Fractals, 35(1).

CLARK W, WITHERS S D, 2007. Family Migration and Mobility Sequences in the United States: Spatial Mobility in the Context of the Life Course [J]. Demographic Research, 17(20).

COLEMAN J S, 1986. Social Theory, Social Research, and a Theory of Action [J]. American Journal of Sociology, 91(6).

DUONG D V, REILLY K D, 1995. A System of IAC Neural Networks as the Basis for Self-Organization in a Sociological Dynamical [J]. Behavioral Science, 40(4).

DURAN H E, OZKAN S P, 2015. Trade Openness, Urban Concentration and City-Size Growth in Turkey [J]. Regional Science Inquiry, 7.

EDELMANN A, WOLFF T, et al., 2020. Computational Social Science and Sociology [J]. Annual Review of Sociology. 46(1).

EECKHOUT J, 2004. Gibrat's Law for (All) Cities [J]. American Economic Review, 94(5).

EZZAHID E, ELHAMDANI O, 2015. Zipf's Law in The Case of Moroccan Cities [J]. Review of Urban & Regional Development Studies, 27(2).

GABAIX X, 1999. Zipf's Law for Cities: An Explanation [J]. Quarterly Journal of Economics, 114(3).

GANGOPADHYAY K, BASU B, 2009. City Size Distributions for India and China [J]. Physica A: Statistical Mechanics and Its Applications, 388(13).

GIESEN K, SÜDEKUM J, 2011. Zipf's Law for Cities in the Regions and the Country [J]. Journal of Economic Geography, 11(4).

GLIGOR L, GLIGOR M, 2008. The Fractal City Theory Revisited: New Empirical Evidence from the Distribution of Romanian Cities and Towns [J]. Nonlinear Dynamics, Psychology, and Life Sciences, 12(1).

GONZÁLEZ-VAL R, 2010. The Evolution of U.S. City Size Distribution from a Long-Term Perspective (1900—2000) [J]. Journal of Regional Science, 50(5).

GONZÁLEZ-VAL R, 2012. A Nonparametric Estimation of the Local Zipf Exponent for All US Cities [J]. Environment & Planning B: Planning & Design, 39(6).

GONZALEZ-VAL R, LANASPA L, et al., 2014. New Evidence on Gibrat's Law for Cities [J]. Urban Studies, 51(1).

GRANOVETTER M S, 1973. The Strength of Weak Ties [J]. American Journal of Sociology, 78(6).

GREENWOOD M J, 1985. Human Migration: Theory, Models, and Empirical Studies [J]. Journal of Regional Science, 25(4).

HEDSTRÖM P, YLIKOSKI P, 2015. Analytical Sociology [G]// International Encyclopedia of the Social & Behavioral Sciences (Second Edition), edited by Wright J D, Oxford: Elsevier.

KEUSCHNIGG M, LOVSJO N, et al., 2018. Analytical Sociology and Computational Social Science [J]. Journal of Computational Social Science, 1(1).

KRUGMAN P, 1996. Confronting the Mystery of Urban Hierarchy [J]. Journal of the Japanese and International Economies, 10.

LAKOFF G, JOHNSON M, 1980. Metaphors We Live By [J]. Ethics, 19(2).

LEE E, 1966. A Theory of Migration [J]. Demography, 3(1).

LEVINSON D, 2012. Network Structure and City Size [J]. PLoS ONE, 7(1).

LEVY M, 2009. Gibrat's Law for (All) Cities: Comment [J]. American Economic Review, 99(4).

LI S, SUI D, 2013. Pareto's Law and Sample Size: A Case Study of China's Urban System 1984—2008 [J]. GeoJournal, 78(4).

LOMI A, LARSEN E R, 1998. Density Delay and Organizational Survival: Computational Models and Empirical Comparisons [J]. Computational & Mathematical Organization Theory, 3(4).

LUCKSTEAD J, DEVADOSS S, 2014. A Comparison of City Size Distributions for China and India from 1950 to 2010 [J]. Economics Letters, 124(2).

MACY M W, WILLER R, 2002. From Factors to Actors: Computational Sociology and Agent-Based Modeling [J]. Annual Review of Sociology, 28(1).

MANSURY Y, GULYÁS L, 2007. The Emergence of Zipf's Law in a System of Cities: An Agent-Based Simulation Approach [J]. Journal of Economic Dynamics and Control, 31(7).

MARK N, 1998. Beyond Individual Differences: Social Differentiation from First Principles [J]. American Sociological Review, 63(3).

MASSEY D S, 1990. Social Structure, Household Strategies, and the Cumulative Causation of Migration [J]. Population Index, 56(1).

MASSEY D S, ALARCON R, et al., 2010. Return to Aztlan: The Social Process of International Migration from Western Mexico [M]. Berkeley California: University of California Press.

MICHAELS G, RAUCH F, et al., 2012. Urbanization and Structural Transformation [J]. Quarterly Journal of Economics, 127(2).

MOHAJERI N, GUDMUNDSSON A, et al., 2015. CO_2 Emissions in Relation to Street-Network Configuration and City Size [J]. Transportation Research Part D Transport and

Environment, 35.

NAROLL R S, VON BERTALANFFY L, 1973. The Principle of Allometry in Biology and the Social Sciences [J]. Ekistics, 36(215).

NITSCH V, 2005. Zipf Zipped [J]. Journal of Urban Economics, 57(1).

RANIS G, FEI J C, 1961. A Theory of Economic Development [J]. The American Economic Review, 51(4).

REED W J, 2002. On the Rank-Size Distribution for Human Settlements [J]. Journal of Regional Science, 42(1).

RITZER G, 1975. Sociology: A Multiple Paradigm Science [J]. American Sociologist, 10(3).

RITZER G, 1981. Paradigm Analysis in Sociology: Clarifying the Issues [J]. American Sociological Review, 46(2).

RITZER G, 1989. Sociology of Work: A Metatheoretical Analysis [J]. Social Forces, 67(3).

RITZER G, 1990. Metatheorizing in Sociology[J]. Sociological Forum, 5(1).

ROSEN K T, RESNICK M, 1980. The Size Distribution of Cities: An Examination of the Pareto Law and Primacy [J]. Journal of Urban Economics, 8(2).

SCHELLING T C, 1971. Dynamic Models of Segregation[J]. The Journal of Mathematical Sociology, 1(2).

SCHLAPFER M, BETTENCOURT L M, et al., 2014. The Scaling of Human Interactions with City Size [J]. Journal of the Royal Society Interface, 11.

SEMBOLONI F, LEYVRAZ F, 2005. Size and Resources Driven Migration Resulting in a Power-Law Distribution of Cities [J]. Physica A: Statistical Mechanics and Its Applications, 352(2-4).

SHIN J K, SHIN G S, et al., 2009, Clustering in a Spatial System of Self-Aggregating Agents [J]. Fractals, 17(1).

SIMON H A, 1955. On a Class of Skew Distribution Functions [J]. Biometrika, 42(3-4).

SKVORETZ M J, 1998. The Evolution of Trust and Cooperation Between Strangers: A Computational Model [J]. American Sociological Review. 63(5).

SMITH T S, STEVENS G T, 1999. The Architecture of Small Networks: Strong Interaction and Dynamic Organization in Small Social Systems [J]. American Sociological Review, 64(3).

SONG S, ZHANG K H, 2002. Urbanisation and City Size Distribution in China [J]. Urban Studies (Routledge), 39(12).

SOO K T, 2005. Zipf's Law for Cities: A Cross-Country Investigation [J]. Regional Science and Urban Economics, 35(3).

SOO K T, 2007. Zipf's Law and Urban Growth in Malaysia [J]. Urban Studies (Routledge), 44(1).

STEWART J Q, 1947. Suggested Principles of "Social Physics" [J]. Science, 106(2748).

TODARO M P, 1969. Model of Labor Migration and Unemployment in Less Developed Countries [J]. American Economic Review, 59(1).

WATTS D J, 2014. Common Sense and Sociological Explanations [J]. American Journal of

Sociology, 120(2).

WEST G B, BROWN J H, 1997. A General Model for the Origin of Allometric Scaling Laws in Biology [J]. Science, 276(5309).

WEST G B, BROWN J H, et al., 1999. The Fourth Dimension of Life: Fractal Geometry and Allometric Scaling of Organisms [J]. Science, 284(5420).

WEST G B, WOODRUFF W H, et al., 2002. Allometric Scaling of Metabolic Rate from Molecules and Mitochondria to Cells and Mammals [C]//Proceedings of the National Academy of Sciences of the United States of America, 99 Suppl 1.

YE X, XIE Y, 2012. Re-Examination of Zipf's Law and Urban Dynamic in China: A Regional Approach [J]. The Annals of Regional Science, 49(1).

YE Y, JIANG J, et al., 2019. Similarity Measures for Time Series Data Classification Using Grid Representation and Matrix Distance [J]. Knowledge and Information Systems, 60(2).

ZIPF G K, 2012. Human Behavior and the Principle of Least Effort: An Introduction to Human Ecology [M]. Martino Fine Books.

艾伦, 2000. 20 世纪的生命科学史[M]. 田洺, 译. 上海: 复旦大学出版社.

艾瑞里, 2010. 怪诞行为学[M]. 赵德亮, 夏倍洁, 译. 北京: 中信出版社.

巴比, 2009. 社会研究方法: 第 11 版[M]. 邱泽奇, 译. 北京: 华夏出版社.

巴克豪斯, 2017. 西方经济学史[M]. 莫竹芩, 袁野, 译. 海口: 海南出版社.

波普尔, 1986. 猜想与反驳——科学知识的增长[M]. 傅季重, 纪树立, 等译. 上海: 上海译文出版社.

波普尔, 2008. 科学发现的逻辑[M]. 查汝强, 邱仁宗, 万木春, 译. 杭州: 中国美术学院出版社.

波普诺, 2007. 社会学: 第 11 版[M]. 李强, 等译. 北京: 中国人民大学出版社.

陈彦光, 张莉, 2014. 信阳城市人口——城区用地异速生长分析[J]. 地理科学进展 33(8).

陈云松, 2008. 分析社会学: 寻求连接微观与宏观的机制性解释[J]. 浙江社会科学(5).

陈云松, 贺光烨, 等, 2017. 走出定量社会学双重危机[J]. 中国社会科学评价(3).

段成荣, 1998. 人口迁移研究: 原理与方法[M]. 重庆: 重庆出版社.

冯科, 何理, 2014. 经济学研究方法导论[M]. 北京: 中国发展出版社.

高倪, 范永太, 等, 2020. 计算化学的应用研究进展[J]. 山东化工 49(6).

广田襄, 2018. 现代化学史[M]. 丁明玉, 译. 北京: 化学工业出版社.

郭保章, 1998. 20 世纪化学史[M]. 南昌: 江西教育出版社.

哈耶克, 2000. 法律、立法与自由: 第 1 卷[M]. 邓正来, 张守东, 等译. 北京: 中国大百科全书出版社.

赫斯特洛姆, 2010. 解析社会: 分析社会学原理[M]. 陈云松, 范晓光, 朱彦, 等译. 南京: 南京大学出版社.

胡玉敏, 踪家锋, 2010. 中国城市规模的 Zipf 法则检验及其影响因素[J]. 未来与发展 31(1).

黄欣荣, 2005. 复杂性科学的方法论研究[M]. 重庆: 重庆大学出版社.

黄欣荣, 2012. 复杂性科学方法及其应用[M]. 重庆: 重庆大学出版社.

霍兰, 2006. 涌现: 从混沌到有序[M]. 陈禹, 等译. 上海: 上海科学技术出版社.

吉登斯, 2009. 社会学: 第 5 版[M]. 李康, 译. 北京: 北京大学出版社.

吉尔伯特, 2012. 基于行动者的模型[M]. 盛智明, 译. 上海: 上海人民出版社.

焦秀琦,1987. 世界城市化发展的 S 型曲线[J]. 城市规划(2).
李恩平,2014. 城市化时间路径曲线的推导与应用：误解阐释与研究拓展[J]. 人口研究 38(3).
李竞能,2004. 现代西方人口理论[M]. 上海：复旦大学出版社.
李培林,1996. 流动民工的社会网络和社会地位[J]. 社会学研究(4).
李培林,2003. 农民工：中国进城农民工的经济社会分析[M]. 北京：社会科学文献出版社.
李士勇,2006. 非线性科学与复杂性科学[M]. 哈尔滨：哈尔滨工业大学出版社.
厉光烈,刘明,2016. 走向统一的自然力：超弦理论：四种自然力走向统一的一种尝试（Ⅴ）[J]. 现代物理知识,28(4).
梁在,2012. 人口学[M]. 北京：中国人民大学出版社.
陆同兴,张季谦,2010. 非线性物理概论[M]. 合肥：中国科学技术大学出版社.
麦金太尔,2011. 追寻美德：道德理论研究[M]. 宋继杰,译. 南京：译林出版社.
牛顿,2001. 自然哲学之数学原理[M]. 王克迪,译. 西安：陕西人民出版社；武汉：武汉出版社.
欧阳光中,朱学炎,等,1983. 数学分析：上册[M]. 上海：上海科学技术出版社.
欧阳颀,1999a. 反应扩散系统中的图灵斑图动力学介绍——非线性科学专题之十[J]. 物理通报(5).
欧阳颀,1999b. 螺旋波的斑图动力学——非线性科学专题之十一[J]. 物理通报(6).
珀尔,麦肯齐,2019. 为什么：关于因果关系的新科学[M]. 江生,于华,译. 北京：中信出版社.
钱学森,2007. 论系统工程[M]. 上海：上海交通大学出版社.
秦明瑞,2003. 复杂性与社会系统——卢曼思想研究[J]. 系统辩证学学报(01).
仇立平,2008. 社会研究方法[M]. 重庆：重庆大学出版社.
邱小刚,陈彬,等,2017. 面向应急管理的人工社会构建与计算实验[M]. 北京：科学出版社.
屈安,格雷勒,等,2021. 社会学史[M]. 唐俊,译. 北京：社会科学文献出版社.
锐查,1987. 社会学元理论的研究现状[J]. 赵善阳,译. 社会(06).
沈葹,2006. 量子力学的光辉八十年（二）[J]. 世界科学(11).
盛昭瀚,张军,等,2009. 社会科学计算实验理论与应用[M]. 上海：上海三联书店.
宋承先,许强,2008. 现代西方经济学（微观经济学）[M]. 上海：复旦大学出版社.
孙士海,1992. 印度的城市化及其特点[J]. 南亚研究(04).
特纳,2001. 社会学理论的结构（上）[M]. 邱泽奇,等译. 北京：华夏出版社.
涂尔干,2008. 自杀论：社会学研究[M]. 冯韵文,译. 台北：五南图书出版股份有限公司.
万毓泽,2018. 跨领域研究视野下的社会理论工作：分析社会学的观点[J]. 社会分析(16).
王飞,成春林,2003. 城镇化对我国居民消费率的影响[J]. 甘肃农业(11).
王国成,2015. 计算社会科学引论：从微观行为到宏观涌现[M]. 北京：中国社会科学出版社.
王健宗,孔令炜,等,2021. 图神经网络综述[J]. 计算机工程 47(04).
王涛,2014. 计算生物学中的高性能计算（Ⅰ）——分子动力学[J]. 计算机工程与科学 36(12).
魏守华,孙宁,等,2018. Zipf 定律与 Gibrat 定律在中国城市规模分布中的适用性[J]. 世界经济 41(09).
文传浩,程莉,等,2015. 经济学研究方法论：理论与实务[M]. 重庆：重庆大学出版社.

文军,2006. 西方社会学理论：经典传统与当代转向[M]. 上海：上海人民出版社.
吴征铠,1997. 量子力学的发现是化学的一重大飞跃[J]. 中国科学基金(01).
吴宗汉,周雨青,2007. 物理学史与物理学思想方法论[M]. 北京：清华大学出版社.
夏蒙芬,1999. 斑图动力学——非线性科学专题之九[J]. 物理通报(4).
谢立中,2007. 西方社会学名著提要[M]. 南昌：江西人民出版社.
亚历山大,2000. 社会学二十讲：二战以来的理论发展[M]. 贾春增,董大民,等译. 北京：华夏出版社.
杨菊华,靳永爱,2020. 人口社会学：第 2 版[M]. 北京：中国人民大学出版社.
姚华松,许学强,2008. 西方人口迁移研究进展[J]. 世界地理研究 017(001).
张江,李学伟,2005. 人工社会——基于 Agent 的社会学仿真[J]. 系统工程(01).
张文宏,2018. 大数据时代社会学研究的机遇和挑战[J]. 社会科学辑刊(04).
赵凯华,罗蔚茵,2004. 力学[M]. 北京：高等教育出版社.
赵凯华,罗蔚茵,2008. 量子物理[M]. 北京：高等教育出版社.
郑杭生,李强,等,2019. 社会学概论新修：第 5 版[M]. 北京：中国人民大学出版社.
周一星,曹广忠,1999. 改革开放 20 年来的中国城市化进程[J]. 城市规划(12).

后 记

本书的主要内容是我在上海大学社会学院攻读博士学位期间的研究所得。

早年在大学、研究所的学习和研究在很大程度上是好奇心与兴趣驱动的，涉及的专业包括物理学、生物物理学、神经生理学、电子工程和通信工程等，与社会学完全没有交集。

对社会学产生兴趣的最初原因也是认为"社会学像自然科学研究自然现象那样研究社会现象"，而这项研究得以完成、本书得以成稿，则是仰赖了导师陆小聪教授的悉心指导。读者大概可以感觉到，这项研究的内容和方法与传统的社会学研究有着很大的不同，可以借鉴的前人作品也较少。在这项研究的过程中，我在很多重要节点有幸得到了陆小聪教授的关键性指导，若非如此，这项工作不可能完成。

记得仇立平教授曾说，自然科学背景的研究者往往有着"自然科学的旨趣"，对此我深以为然。显然，在社会学领域几年的经历并没有改变我的这一旨趣，我仍然相信，当宏观社会现象被归因于微观个体行动时，仍然可以显示出较为恒定的规律性，从而可以用自然科学的方法来研究。当然，社会现象之间的因果关系比自然现象复杂许多。

很希望能够在未来看到更多的研究工作致力于揭示社会现象的形成机制，这也是我写作本书的初衷。

唐崴

2022年8月于上海